Carolyn Temsi
Caro Handley

A Sabedoria do Amor

Formule mentalmente as suas perguntas,
abra este livro ao acaso e encontrará
as respostas que está procurando

Tradução
CARMEN FISCHER

EDITORA PENSAMENTO
São Paulo

Título do original: *Love Wisdom*

Copyright © 1999 Carolyn Temsi e Caro Handley.

Publicado pela primeira vez na Grã-Bretanha em 1999 por Hodder & Stoughton, uma divisão da Hodder Headline PLC.

Todos os direitos reservados. Nenhuma parte deste livro pode ser reproduzida ou usada de qualquer forma ou por qualquer meio, eletrônico ou mecânico, inclusive fotocópias, gravações ou sistema de armazenamento em banco de dados, sem permissão por escrito, exceto nos casos de trechos citados em resenhas críticas ou artigos de revistas.

O primeiro número à esquerda indica a edição, ou reedição, desta obra. A primeira dezena à direita indica o ano em que esta edição, ou reedição, foi publicada.

Edição	Ano
1-2-3-4-5-6-7-8-9-10-11	01-02-03-04-05-06-07

Direitos de tradução para o Brasil
adquiridos com exclusividade pela
EDITORA PENSAMENTO-CULTRIX LTDA.
Rua Dr. Mário Vicente, 368 — 04270-000 — São Paulo, SP
Fone: 272-1399 — Fax: 272-4770
E-mail: pensamento@cultrix.com.br
http://www.pensamento-cultrix.com.br
que se reserva a propriedade literária desta tradução.

Impresso em nossas oficinas gráficas.

*P*ara Nabil e Jim,
os amores da nossa vida.
Juntos transformamos nossos sonhos em realidade.
Amamos vocês pela coragem, comprometimento,
integridade e sabedoria que os caracterizam.
Muito obrigada.

Carolyn e Caro

Sobre a Nossa Relação

Somos grandes amigas desde que nos conhecemos, na época em que éramos mães solteiras e batalhadoras. Carolyn dirigia sua própria empresa de consultoria em *marketing* e Caro escrevia artigos para revistas femininas. Nosso contato se deu por causa do nosso interesse comum em psicoterapia humanista e acabamos descobrindo que tínhamos muitas outras afinidades. Ambas éramos profissionais empenhadas, ao mesmo tempo que criávamos sozinhas nossos filhos depois de uma longa e difícil sucessão de fracassos nos relacionamentos amorosos.

Juntas assumimos o compromisso com nós mesmas e também uma com a outra de alcançar o sucesso e a satisfação em nossas futuras relações. Juramos que não desistiríamos enquanto não encontrássemos o que desejávamos, por mais longo e difícil que fosse o caminho.

Essa empreitada exigia que deixássemos de lado o modo tradicional de fazer as coisas, e descobríssemos um modo diferente de fazê-las. Tivemos de encarar verdades duras, sendo a mais importante delas o fato de que a única dificuldade que nos impedia de realizar nossos sonhos estava em nós mesmas.

Tivemos de ser corajosas para enfrentar nossos medos, aprender com nossos erros, superar obstáculos, cultivar nossas esperanças e elevar nossos padrões de exigência e de auto-estima. Para isso tivemos de reconhecer que, no final das contas, tínhamos poder para moldar nossa vida e decidir nosso futuro.

Tivemos de enfrentar momentos extremamente difíceis em que chorávamos, brigávamos, avançávamos três passos e recuávamos dois. Às vezes topávamos com algo tão doloroso e difícil que tudo o que podíamos fazer era chorar, rir, voltar a levantar, sacudir a poeira e começar tudo de novo, levando em conta tudo o que tínhamos aprendido com a experiência do fracasso.

E nosso esforço e trabalho árduo acabaram valendo a pena, pois ambas encontramos a relação que desejávamos. Hoje, temos ambas uma relação de amor, compromisso, respeito, calor, apoio mútuo, risadas, conversas interessantes, amizade e honestidade. Às vezes, ainda é duro. Mas enfrentamos os momentos difíceis ao lado dos nossos parceiros, com amor e apoio recíproco. *A Sabedoria do Amor* é o resultado de tudo o que aprendemos e o escrevemos para nós mesmas, para nossos parceiros, nossos filhos e também para você.

Introdução

Acreditamos que todos nós merecemos ter uma relação amorosa que inclua qualidades como honestidade, comprometimento e respeito, além de sensualidade e sexo monogâmico.

Achamos que todos nós temos direito a isso.

A Sabedoria do Amor tem o propósito de orientar e aconselhar você, quer já tenha uma relação ou queira ter uma.

Esteja você sozinho, já tenha uma relação com quem acredita ser a pessoa certa ou procurando criar coragem para enfrentar as dificuldades da relação, *A Sabedoria do Amor* responderá às suas dúvidas e colocará você no caminho certo para uma relação amorosa rica e gratificante.

Nós usamos a sabedoria contida neste livro para encontrar o amor da nossa vida. Queremos partilhar essa sabedoria com o maior número possível de pessoas, para que você também possa sentir a alegria e a plenitude que merece.

Desejamos o melhor para você.

Como Usar Este Livro

Eis algumas sugestões sobre como formular suas perguntas:

Elas devem ser feitas de maneira simples.
Peça orientação e aconselhamento e não uma resposta do tipo Sim ou Não.
Faça apenas perguntas cujas respostas você queira mesmo saber.

Para que o livro A *Sabedoria do Amor* seja mais eficiente, é preciso que:

Você o trate com carinho e respeito.
Consulte-o com calma e sem pressa.
Esteja disposto a receber os conselhos oferecidos.
Esteja aberto para a possibilidade de mudança.
Empenhe-se em fazer o que for solicitado a você.
Aceite as respostas, quaisquer que elas sejam.

Se você quer uma resposta mais completa, abra o livro três vezes pensando na sua pergunta.

A primeira página que abrir fará referência ao momento atual;
a segunda, ao futuro imediato;
e a terceira ao futuro a longo prazo.

Cuide de Si Mesmo

Se você abrir o livro nesta página, é hora de concentrar a atenção em si mesmo e na sua relação amorosa de um modo carinhoso e positivo. É hora de deixar de lado os desafios e exigências do mundo exterior e voltar-se para você mesmo. Cuidar de si mesmo envolve uma atitude amorosa e afetuosa. Você anda se excedendo? A que você vem dando mais importância do que a si mesmo, seu parceiro ou sua relação? Se você está sozinho, é hora de cuidar de si mesmo antes de embarcar em outra relação.

Nem sempre é fácil cuidar de nós mesmos tão bem como cuidamos dos outros. Muitas vezes temos de colocar nossas necessidades de lado para nos dedicar a alguma coisa ou a alguém. O mundo nos faz muitas exigências. A falta de cuidado para com nós mesmos e com os outros pode tornar-se um hábito. É hora de parar e voltar a atenção para si mesmo.

Você precisa cuidar de si mesmo agora, não amanhã ou na próxima semana.

Isso significa cuidar de si mesmo de maneira apropriada. Alimentar-se bem, dormir o suficiente e relaxar, longe das tensões e pressões da vida. Seja amável com você mesmo e com seu parceiro. Tome um banho quente, mergulhe a cabeça na banheira, peça a alguém para massagear seus ombros ou massageie-os você mesmo, ouça uma música alegre e cultive pensamentos positivos. Você já sabe o que alimenta seu espírito, apenas deixou de fazer isso por um tempo demasiadamente longo. O que você faz quase o tempo todo quando está apaixonado? Dê a você mesmo um pouco disso agora. Ame-se agora. Relaxe. Passe um tempo ao ar livre. Escreva uma carta de amor a você mesmo, dê-se um presente, coloque um bilhete debaixo de seu travesseiro. Invista em seu coração. O mais importante da atitude de cuidar de si mesmo é a boa vontade e a compaixão. Adote essa atitude e ela logo se tornará verdadeira. Isso requer um pouco de tempo e de esforço, mas com um pouco de ambos você vai longe.

Vale a pena porque você merece.

Sua relação amorosa desabrochará como uma flor. Comece agora.

Crítica

Abrir o livro nesta página é sinal de que está cercado de negatividade, quer tenha consciência disso ou não. A crítica surge quando o que estamos vivendo não corresponde aos nossos desejos ou expectativas. Quando somos críticos julgamos os outros e os consideramos insuficientes. A quem você está criticando? Seu parceiro, um parceiro em potencial ou a você mesmo? Seus critérios são justos? Como você se sentiria se fosse mais tolerante e aceitasse que todo mundo tem seus pontos fortes e fracos?

O que você tem de entender é que a crítica alimenta a si mesma e cria uma espiral negativa. A atitude crítica nos leva a assumir uma posição de distanciamento que nos faz considerar os outros como inimigos. Eles não fazem nem dizem o que gostaríamos que fizessem ou dissessem. Eles parecem errados, agem errado e são errados. Assumimos o papel de acusador. E vendo o outro como totalmente errado, não há nenhuma saída para melhorar as coisas.

Mesmo que você considere errado o comportamento do outro, ou contrário a seus próprios valores, é possível lidar com ele sem ser crítico. Aceite-o, encare-o, comente-o, assuma-o, mas não criticando-o ou agredindo-o.

Quando assumimos uma atitude crítica para com nosso parceiro real ou potencial ou para com nós mesmos, precisamos reconhecer que essa atitude causa mais dano do que benefício. O amor tem mais chance quando estamos do mesmo lado. Quando uma das partes vence, a relação perde. Portanto, dê-se um tempo para observar o que está acontecendo além da superfície.

Atrás de toda crítica esconde-se uma necessidade. Do que você está necessitando neste exato momento? O que você pediria, se não estivesse tão ocupado em culpar o outro? Peça e receberá, desde que o faça sem julgar quem dá. Comece a prestar mais atenção em si mesmo e assuma a responsabilidade por seus ressentimentos antes de manifestá-los. Se você está realmente sendo maltratado, pare de criticar e faça imediatamente alguma coisa para corrigir essa situação.

A vida e o amor são muito mais prazerosos do que você está deixando que sejam. É hora, portanto, de efetuar algumas mudanças.

Confiança

*S*e você abriu o livro nesta página é porque está precisando acreditar na relação que tem ou na possibilidade de ter uma. Confiar que no futuro tudo vai melhorar. Que todos os problemas se resolverão e que seus sonhos se concretizarão.

É com nossas crenças e expectativas que todos criamos nossas realidades. Isso quer dizer que você poderá ter o que deseja se acreditar que pode.

Isso nos faz pensar na importância da confiança entre duas pessoas para que uma relação possa ter êxito. É preciso que um confie no outro e que ambos se comportem de maneira a merecer essa confiança. Procure assegurar-se de que o outro é merecedor de sua confiança antes de oferecer-lhe essa dádiva. Se sua confiança foi traída no passado, ocupe-se agora dos possíveis ressentimentos guardados. Você pode aprender a confiar de novo. Baseie sua confiança nas experiências que teve. Não confie cegamente, encontre alguém que o mereça e o ajude a recuperar essa parte de sua natureza. Comece desenvolvendo confiança em si mesmo. Seja quem você diz que é. Seja coerente e honesto, confiável e verdadeiro.

Se você está enfrentando alguma dificuldade, confie que em breve seu esforço será recompensado. Lembre-se de que depois do inverno vem a primavera. E de que depois da tempestade vem a bonança.

Tudo aquilo em que você concentra sua atenção cresce. Coloque todas as suas energias na visualização do resultado que deseja, enquanto confia na sua concretização. Não tente manipular os resultados: trata-se de confiança e não de esforço. Nem sempre alcançamos o resultado que desejamos ou esperamos, mas o que alcançamos sempre prova o melhor a longo prazo. Organize-se agora e esteja preparado para a realização de seu sonho. Não espere que ele aconteça antes de você estar preparado. Atraímos para nós aquilo que antecipamos e a confiança em sua realização faz parte desse processo. Visualize-o já concretizado. Quando faz um pedido num restaurante, você não vai até a cozinha conferir a sua preparação. Você confia que o prato vai vir para a sua mesa, o que, de fato, acontece.

Confie que seus sonhos já estão na cozinha cósmica e esteja preparado para quando eles se concretizarem, pois com certeza se concretizarão.

Negociação

$\mathcal{E}$sta página indica que é hora de dar importância à negociação, na sua vida amorosa. Negociar é chegar a um acordo que seja aceitável para todas as partes envolvidas. Talvez você ache que seus desejos e necessidades não são importantes comparados aos das outras pessoas. Ou talvez você ache que o que você quer deveria estar sempre em primeiro lugar. Mas para ter êxito no amor, você precisa reconhecer que você e seu parceiro ou pretendente têm a mesma importância.

Negociar é de importância vital para o convívio de duas pessoas que se amam. Só é possível negociar quando se acredita que os dois têm direito a uma solução que seja satisfatória para ambos. Você está abrindo mão do que não quer ou aceitando fazer isso, em vez de insistir no seu direito de ser consultado e respeitado? Você sempre consegue o que quer porque seu parceiro não defende os próprios direitos? Se as coisas são sempre como você quer ou sempre como o outro quer, a relação está desequilibrada e a longo prazo pode não ser satisfatória para nenhum dos dois. A falta de negociação acaba causando mágoas e ressentimentos. Se você teima em

14

não negociar quando poderia fazê-lo sem desrespeitar a si mesmo, você precisa compreender que pode estar ganhando, mas a relação está perdendo. Você precisa ter boa vontade para criar uma parceria amorosa.

Você está encontrando dificuldade para negociar no momento atual? Você sente que está cedendo, que vai acabar perdendo todo o seu poder? Examine se o assunto em questão é passível de negociação. Certas coisas não são negociáveis. Se a relação é monogâmica, ela não vai funcionar se seu parceiro quer que você aceite seus encontros com outra pessoa. Você precisa ter clareza sobre o que pode ser negociado e o que não pode.

Os desejos, as expectativas e as necessidades de ambos devem ser levados em conta. Aceitando isso, você será capaz de negociar com generosidade sem desrespeitar-se. Negociar é chegar a um acordo que seja aceitável para ambos. Ao negociarmos, aceitamos nossas responsabilidades com relação aos outros e o direito que eles têm de ser ouvidos, assim como o nosso.

Negociar é uma habilidade fascinante e desafiadora que traz riqueza e equilíbrio para a nossa vida.

Doação

Esta página, aberta ao acaso, é um lembrete de que existe uma hora para dar e uma hora para receber. Esta é sua hora de dar. Você precisa examinar o que tem para dar e a quem, bem como qual é a maneira certa de dar. Ao dar algo, faça-o simplesmente pelo prazer de dar, sem esperar nada em troca.

Existem pessoas egoístas e sem generosidade, que precisam mudar esse comportamento se quiserem que suas relações reais ou potenciais se desenvolvam. Quando deixamos de dar, nos fechamos e bloqueamos o fluxo de energia que mantém a saúde das relações. Quando vivemos com base na crença que diz que não temos o bastante para dar, nossa vida logo passa a refletir essa crença e ela se torna realidade. A única maneira de mudar isso é dando um salto no escuro, praticando um ato de fé. Dando, mais virá a você. Você receberá mais do que jamais deu, desde que permaneça aberto e não retribua atitudes e comportamentos egoístas e mesquinhos.

Existe o suficiente para todos. Vivemos numa época de abundância. É apenas o nosso medo que nos fecha para a abundância. Confie que você tem o bastante para dividir e a recompensa será enorme.

Pode ser que seja necessário receber menos de seu parceiro neste momento, enquanto se concentra no ato de dar. Estimule-o a lhe dar menos para que ele possa ter o prazer de receber o que você tem para dar. É hora de equilibrar a balança.

Examine atentamente o que é que você está de fato dando e veja se o que está dando é o que é de fato necessário. Está dando dinheiro a alguém que está precisando de seu tempo ou de sua atenção, ou o contrário? Você é tão generoso com o que dá valor quanto com o que não dá? Você está dando às pessoas o que você quer em vez daquilo que elas gostariam de receber? Pergunte a alguém o que ele realmente gostaria de receber de você e veja se está disposto a satisfazer seu desejo.

Dar de coração, e não a partir do ego, possibilita a descoberta do verdadeiro prazer de dar.

Equilíbrio

Abrindo o livro nesta página, você estará enfocando o segredo de uma vida feliz e, também, o segredo de uma vida saudável. A vida encontra naturalmente seu equilíbrio e, quando pendemos muito para um extremo, ela sempre encontra um jeito de nos fazer pender para o extremo contrário, para que alcancemos o equilíbrio.

No momento atual, as coisas estão ou fora de equilíbrio na sua vida amorosa ou você está resistindo ao reequilíbrio que a vida está tentando lhe trazer. Você precisa compreender que não pode mudar essa lei. É impossível manipular as leis da natureza. É hora de recordar o antigo provérbio "moderação em tudo", pois só assim recuperamos o equilíbrio natural.

No que você vem se excedendo ultimamente? No que é que você está empenhado que exclui o seu contrário? Essa atitude pode acabar com você se não fizer um esforço consciente para reequilibrar as coisas. Você está trabalhando ou jogando com demasiado afinco? Está empenhado demais em conseguir algo em detrimento de sua relação ou relação em potencial, ou vice-versa? Talvez você tenha desenvolvido uma atitude mental que aceita um lado das coisas, mas rejeita o seu oposto. Você quer o bem de sua relação, mas não percebe que ela é um pacote que inclui também o que você vê como negativo. O que você considera negativo é apenas a vida reequilibrando-se.

O que você precisa entender é que a vida é feita de dualidade. Tudo o que existe vem acompanhado de seu oposto. Onde existe felicidade também haverá infelicidade. Onde há generosidade sempre haverá egoísmo. A chave é entender que é assim mesmo. Essa é a lei da natureza. Para que algo exista, o seu contrário também precisa existir. Quando aceitamos isso, precisamos apenas testar o oposto com moderação. Mas quando buscamos apenas um lado de algo e fazemos tudo para evitar seu oposto, ele se volta para nós de forma exagerada, na mesma proporção que o rejeitamos. A lição a ser aprendida é que acaba sendo fácil aceitar ambos os lados da vida e deixar que as coisas se equilibrem por si mesmas. Aceite um pouco de negatividade e a vida se encarregará de enviar o bem para equilibrar.

Auto-Estima

Este é um problema que diz respeito a você mesmo, uma vez que o valor que dá a si mesmo reflete-se nos seus relacionamentos. Auto-estima é o valor que você atribui a si mesmo ou a importância que você dá a si mesmo. O que está acontecendo em sua vida atual? Você esteve tão concentrado nos outros a ponto de perder o contato consigo mesmo? Está ocupado demais para dar atenção a si mesmo ou está se sentindo e sendo crítico demais consigo mesmo? Nenhuma desculpa justifica isso.

Para que uma relação funcione, é necessária a união de duas pessoas inteiras. Não adianta tentar fazer um todo de duas metades. E você só pode ser inteiro se tiver auto-estima. Se sua auto-estima for baixa, você vai precisar de seu parceiro para se sentir bem, e isso nunca dá certo. Quem é você e em que medida gosta de si mesmo? Pode ser que tenha deitado a perder sua auto-estima. Você sabe que é uma boa pessoa e valoriza a si mesmo, mas simplesmente perdeu o contato com ela.

Ou quem sabe se isso não é um sinal de que tem um problema mais grave de auto-estima. Talvez seja algo do qual você tem consciência, ou talvez não. Ironicamente, quanto mais veementes forem seus argumentos para provar o contrário, maior será a probabilidade de esse ser seu problema. Muitas pessoas desenvolveram uma atitude firme e confiante para ocultarem a parte ferida, insegura e vulnerável que guardam dentro de si. A pessoa com verdadeira auto-estima reconhece essa parte e a trata com cuidado, não rejeitando-a ou ocultando-a.

Se você abriu o livro nesta página, é hora de voltar-se para dentro de si mesmo e tratar de conhecer-se mais profundamente. Se você não tem um diário, procure escrever para si mesmo todos os dias durante algumas semanas e ver o que descobre. Procure tratar-se com a mesma generosidade e compreensão que dispensaria a seu melhor amigo e veja como isso vai fazer você se sentir melhor.

Pode ser que esteja acontecendo algo em sua vida que esteja minando a sua auto-estima. Sua relação é exclusivista e monogâmica? Nesse caso, aceitar que ela não esteja sendo assim lhe causa sofrimento. Você está sendo menosprezado ou criticado? Você sente que é digno de amor? Você finge ser como acha que as outras pessoas querem que você seja? Deixa que os outros o tratem mal? Você será sempre tratado pelos outros com o mesmo respeito com que trata a si mesmo.

Concentre-se no fato de que você é especial e único. Quando amamos a nós mesmos, o resto vem por si só.

Comunicação

*S*e você abrir o livro nesta página é porque sua relação ou relação em potencial está precisando de uma comunicação clara, honesta e direta. Parece muito simples, mas esse é muitas vezes o maior desafio que temos de enfrentar.

Se o casal está literalmente sem se falar, a mensagem é clara: estão precisando se abrir e falar abertamente um com o outro. Não agredir nem criticar, mas antes procurar concentrar-se no que deveria ter sido dito e não foi. Diga como está se sentindo ou se sentiu em determinadas situações e não como o outro deve ser ou agir.

Pode também ser o presságio da chegada de uma carta ou de um telefonema. Uma confirmação de que o vínculo continua, apesar do tempo e da distância, e que você terá em breve notícias de alguém.

Lembre-se de que é possível comunicar-se com alguém fazendo uso da energia do universo, por maior que seja a distância. É apenas uma questão de tempo a comunicação telepática ser aceita como uma realidade. O mais incrível é que você não precisa acreditar em telepatia para tirar proveito dela. Tente enviar mentalmente uma mensagem para uma pessoa querida e se surpreenderá com a resposta. A melhor hora é quando a pessoa está dormindo, por estar então mais receptiva. Essa é uma boa maneira de expressar nossas vulnerabilidades, nossos desejos, esperanças e sonhos.

Se você acha que já está se comunicando bem, esse é um sinal de que não está falando sobre as questões que interessam realmente ou que seu estilo de comunicação não está funcionando. É comum supormos que os outros têm as mesmas referências que nós. Com certeza, se sabemos quais são nossas intenções, achamos que os outros também saberão. Mas isso pode não acontecer. Procure esclarecer as coisas. Peça a seu parceiro para dizer-lhe como entendeu o que você disse e insista nisso até que o entendimento dele coincida com o que você disse. Só então, você saberá que estão realmente se comunicando.

Perdemos às vezes enormes quantidades de tempo e energia falando de coisas que, na realidade, só servem para nos desviar da questão que interessa. É hora de parar de evitar e enfrentar finalmente a questão.

A boa comunicação é a base dos bons relacionamentos. Colha os seus frutos!

Humor

Esta página é um lembrete da importância do humor e do espírito de brincadeira na vida. Talvez seja algo que você tenha esquecido ou perdido de vista. Talvez você nunca tenha realmente desenvolvido essas qualidades. Muito bem, agora é a hora.

O mais interessante do humor é que ele é algo muito pessoal. Você pode achar graça em algo que para outra pessoa não tem nada de engraçado. Por isso, você terá de descobrir o que faz ela rir.

Descontraia-se e deixe o riso vir. Brinque, divirta-se e relaxe. Invista um pouco de energia no humor. Empenhe-se para colocar um pouco de humor em sua vida. Você merece.

Como adultos, precisamos muitas vezes descobrir o lado cômico da vida. Mesmo quando sentimos que não temos nada para rir, é disso que estamos precisando. Descubra o que sua vida tem de divertido e use isso nos relacionamentos que já tem e também para iniciar uma nova relação.

O que fez você se divertir quando teve tempo e disposição para isso? O que faz você rir? O que faz você cantar? Solte-se um pouco. Viva um pouco. Corra alguns riscos sem ser irresponsável. Entre em contato com a sua criança interior. Que idade ela tem? O que ela acha divertido? O que ela gostaria de fazer hoje? Leve-a para passear no parque, compre uma caixa de lápis de cor, tinta ou argila. Conte piadas, atire pedras na água, suba numa árvore, seja livre.

Sem ser irresponsável, deixe os afazeres de lado e dê uma escapada pelo puro prazer de fazê-lo. Recupere e reinvente a leveza em sua vida. Se você não vive seu lado brincalhão, acabará tendo um parceiro que exagera esse lado e você só sentirá inveja. Ou ele o levará à loucura, já que alguém que exagera esse aspecto pode parecer egoísta e irresponsável. Mantenha o equilíbrio dando vazão a seu próprio lado espirituoso.

Mas não transforme essa busca de diversão em outra tarefa árdua. Faça apenas aquilo que realmente lhe dá prazer. Esqueça os "deveria". A diversão é sua. Lembre-se que a diversão é para divertir.

Nascimento

Abrir o livro nesta página é sinal de recomeço. O nascimento também pode ser tomado ao pé da letra. Talvez um bebê esteja a caminho ou chegará em breve. Ou pode ter acabado de nascer. É indício de fertilidade. O momento é propício para começar vida nova e alimentar novas esperanças.

Pode também indicar o começo de uma nova fase em sua relação ou mesmo uma nova relação. Se está querendo encontrar um novo amor, você pode se dar ao luxo de ser otimista. Algo está em gestação, e em breve se manifestará em sua vida. Neste momento, o que você precisa é concentrar-se nos seus sonhos e aproveitar ao máximo esse período extremamente fértil. É hora de dar asas à sua criatividade, de retomar aqueles antigos projetos inacabados ou de começar algo novo. Você terá de identificar no que consiste esse novo começo e decidir-se batalhar por ele. Se ele for verdadeiro, terá tudo para se concretizar.

É também indício de uma oportunidade de renascimento para você ou sua relação. Você terá a chance de recomeçar de um modo diferente. Uma nova chance lhe será dada se vo-

26

cê estiver disposto a agarrá-la. Mas lembre-se de que, ao nascer, você é um bebê. É um período de vulnerabilidade, com muita necessidade de cuidados e proteção. Você não pode desencadear um novo começo e em seguida abandoná-lo à sua própria sorte. É um período que exige atenção e carinho. Procure obter o apoio das pessoas a seu redor. A solidão não é a condição que propicia o desenvolvimento de um bebê. Reúna sua tribo a seu redor e rejubile-se.

Vítima

Às vezes somos vítimas inocentes de maus-tratos ou das manipulações de outras pessoas. Mas em geral, quando abrimos o livro nesta página, é para advertir-nos que fazer o papel de vítima é escolha nossa, é algo que nos serve inconscientemente. Você entregou seu poder para evitar ter de assumir a responsabilidade por si mesmo e por sua vida.

De que maneira você está fazendo o papel de vítima em sua relação? Ou será que seu papel de vítima tem a ver com sua incapacidade de estabelecer ou manter uma relação?

É horrível ser vítima e o preço é altíssimo. Ninguém gosta de estar com uma vítima, pois ela suga as energias de quem está por perto. No papel de vítima, sentimo-nos impotentes, mas na verdade detemos todo o poder. Parecemos passivos, mas dispendemos muita energia para permanecer no atoleiro e continuar vendo as coisas de uma perspectiva errada. Quando você está convencido de que alguém é culpado por sua situação, quando está sempre pedindo desculpas ou tendo que se defender, você está sendo uma vítima.

E como vítimas, estamos convencidos de que não há nada que possamos fazer; nós nos sentimos joguetes nas mãos dos outros, do destino e das circunstâncias. Mas isso não é verdade.

Quando você se recusa a fazer o papel de vítima, no mesmo instante você cria outras escolhas. Como vítima, você não tem escolha. Se houvesse alguma coisa que você pudesse fazer para mudar a sua situação atual, o que seria? Qual é a sua parcela de responsabilidade pela sua situação atual? Você sempre tem escolhas. Você só se sente vítima quando se esquece disso. É hora de fazer outra escolha.

O problema é que, quando nos apegamos ao papel de vítima, só conseguimos pensar em escolhas passivas, que dependem da mudança dos outros ou das circunstâncias. Achamos que não há nada que nós mesmos possamos fazer. Mas lembre-se de que existem alternativas.

Você só se torna impotente numa relação quando entrega seu poder, esperando que o outro crie uma solução. Você não pode controlar ninguém, mas pode controlar a si mesmo. Imagine uma situação de imobilidade, exatamente como a sua no momento, e que ninguém mais além de você mesmo poderia mudá-la. O que você poderia fazer? Ao tomar essa iniciativa, você vai perceber que não precisa ser vítima.

Você já tem todo o poder necessário para agir. Só falta usá-lo.

Desejo

Este é um ótimo presságio de boa sorte. Indica que seu desejo está sendo favorecido neste momento e que há grande probabilidade de ele vir a se concretizar.

Se você está esperando alguma notícia, é sinal de que ela será favorável. Seus sonhos serão realizados. Portanto, relaxe e confie que tudo vai dar certo.

Quando desejamos algo, precisamos nos abster de controlar o outro, pois do contrário o desejo perderá a sua força. Formule seu desejo na primeira pessoa, afirmando que o que deseja é para você mesmo. Não inclua os outros no seu desejo. Por exemplo, se você deseja encontrar a pessoa de seus sonhos, não nomeie-a, mesmo que tenha a certeza de quem é essa pessoa. Pode ser que você ainda não conheça a pessoa certa para você, mas se se tratar da pessoa que tem em mente, ela virá de qualquer maneira, sem que você tente manipular o destino.

É necessário que você especifique bem o seu desejo. Feche os olhos, tranqüilize a mente e visualize o seu desejo realizado. Visualize-o da maneira mais concreta possível. Onde você está? O que você pode ver, tocar, cheirar e ouvir? Quando tornamos nossos desejos tangíveis, estamos ajudando o universo a concretizá-lo para nós. Tornamo-nos um ímã que atrai o que visualizamos para nós. Quanto mais claros somos, maior é o poder de atração do nosso ímã. Imagine o desejo já bem definido, suspenso no ar, esperando ser desejado. Quanto mais claro você o tiver em mente, mais rapidamente ele reconhecerá que é desejado e virá até você!

Ao desejar algo, esteja seguro de que é o que realmente deseja. É fácil centrar-se nos elementos positivos que ele trará para a sua vida, mas você precisa ter certeza de que pode aceitar o pacote inteiro. Pare por um momento e examine quais poderiam ser as desvantagens de ter seu desejo realizado. Se você for honesto, terá de encontrar algumas. Você está disposto a moderar seu desejo por conta das desvantagens que sua realização acarretará? Lembre-se do ditado que diz "Tome muito cuidado com o que deseja, pois poderá consegui-lo". Por isso, formule seus desejos com consciência e respeito por si mesmo e pelos outros. E tenha muito sucesso!

Resistência

Ao abrir o livro aqui, é hora de examinar atentamente como você está resistindo ao amor que merece. Resistir é agir contra nossas intenções conscientes, é colocar obstáculos em nosso próprio caminho. Isso lhe parece estranho ou intrigante? Examine atentamente o que vem acontecendo em sua vida amorosa e pergunte-se se isso pode ser verdadeiro. Você encontra pessoas que têm um pouco a ver com você, mas não muito? Você diz que está a fim de encontrar alguém, mas fica em casa e não faz nada para que isso aconteça? Você diz a si mesmo e aos outros que é muito ocupado, velho demais ou independente demais para ter um romance? Você perde o interesse pela pessoa assim que inicia um relacionamento? Ou você acha que sabe exatamente quem seria a pessoa certa, mas que por alguma razão ela não está disponível? O que você precisa entender é que você evita as relações, desiste com muita facilidade ou escolhe as pessoas erradas como meios de resistir.

Se você anseia por amor, é possível que fique magoado ou furioso quando alguém lhe diz que está resistindo. Mas é o que está acontecendo e é só quando você reconhecer essa parte de si mesmo que conseguirá encontrar um amor duradouro. O reconhecimento de suas resistências trará o poder de volta para as suas mãos. Se você resiste a algo é porque tem poder para mudar esse algo.

Só resistimos a algo quando temos bons motivos para isso. A parte de você que resiste ao amor sente medo. Você pode achar que tem medo de ficar só e de nunca encontrar o amor, mas a possibilidade de encontrar alguém que ame e valorize você é o que realmente assusta. Deixar que outra pessoa se aproxime de você e descubra quem você realmente é pode ser extremamente assustador. Talvez você tenha medo de que essa pessoa nunca venha a amar quem você é realmente, que o abandonará quando o conhecer além de sua aparência exterior. Ou que o outro vai subjugá-lo, sufocá-lo ou controlá-lo. Talvez você tenha medo de reviver a dor de uma relação passada. A verdade é que, quando encontramos a verdadeira intimidade como adultos, ela costuma trazer à tona as mágoas resultantes da experiência de intimidade que tivemos na infância. Resistimos ao amor romântico para evitar sentir a dor da infância, mas com isso perdemos tudo outra vez. Você precisa deixar a dor emergir e libertar-se dela para ser amado. Você pode lidar com os sentimentos da infância, reconhecendo que são eles que formam as resistências que precisam ser enfrentadas. É hora de você voltar-se para o seu interior, descobrir quais são seus medos mais profundos e trazê-los à consciência. Procure a ajuda de um terapeuta, converse com alguém sobre eles ou escreva uma carta para você mesmo.

Saiba que enfrentando suas resistências, elas se dissolverão e o deixarão livre para encontrar o amor que merece. Você tem a força necessária para fazer isso.

Sacrifício

A palavra sacrifício tem conotações religiosas. Tradicionalmente, as pessoas sacrificavam algo que podiam ter para si mesmas, mas preferiam oferecer a seus deuses. Elas faziam isso por respeito e generosidade e também porque acreditavam que receberiam proteção e teriam suas necessidades satisfeitas. Esses mesmos princípios são aplicáveis a nós.

É hora de você colocar alguém ou algo na frente de suas próprias necessidades imediatas e desejos pessoais. É hora de compartilhar e ser generoso. É hora de aceitar qualquer dificuldade que possa aparecer ou a necessidade de abster-se, com absoluta boa vontade. Ao mesmo tempo, precisa confiar que, a longo prazo, você e suas relações serão beneficiados. Encare com prazer seu esforço como um investimento no futuro. Confie que existem boas razões para isso. Não é um esforço sem sentido ou uma autonegação inútil.

Enquanto isso, mantenha a perspectiva. Não se trata de passar miséria, de ser irresponsável a ponto de levar uma vida miserável com a esperança de que a recompensa seja de igual tamanho. A questão é enfrentar o desafio. Você precisa estar disposto a enfrentar as dificuldades, de boa vontade, de abster-se de alguma coisa, para seu próprio bem a longo prazo.

A noção de sacrifício soa inteiramente desagradável e exigente. Bem, esse é um momento que exige muito de você, mas não precisa ser desagradável. É uma questão de como você o interpreta. Você pode defini-lo como quiser.

A idéia implícita é a do "sacrifício por um bem maior". Não desista nem desanime diante das dificuldades imediatas. Você tem condições de superá-las e ir além, se for preciso. Não se sinta impotente. Encontre a melhor maneira de sustentar a si mesmo e às pessoas queridas e procure tirar o máximo proveito das coisas. Isso vai passar.

Talvez o verdadeiro sacrifício seja fazer exatamente o que você está evitando, e não suportar as coisas como estão. Que esforço extra você poderia fazer, que a longo prazo viria beneficiar sua relação? Às vezes, o sacrifício é fazer aquilo que você mais teme. Se você é solteiro, talvez o verdadeiro sacrifício seria sair e encontrar alguém, mostrar-se disponível e abrir-se para o amor. Ou talvez seja retrair-se e concentrar-se antes em si mesmo. Seja honesto ao avaliar qual seria o verdadeiro sacrifício e crie coragem para fazê-lo.

Salvação

Se você abriu o livro nesta página é porque está fazendo demais pelos outros e não dando a atenção necessária a si mesmo. Quando fazemos ou dizemos algo para proteger os outros das conseqüências de seus próprios atos, estamos tentando salvá-los. Quando nos sentimos responsáveis pelas pessoas que são importantes para nós e nos apressamos a tentar protegê-las de algo que possa lhes trazer problemas, estamos tentando salvá-las. Costumamos achar que salvar é um ato nobre, mas na verdade ele é sempre inadequado.

Pare e reflita sobre como você pode livrar-se do que não é problema seu. Pergunte-se quem você está realmente tentando proteger. Provavelmente é você quem está investindo mais para encontrar uma solução do que a pessoa que tem o problema. Ela pediu sua ajuda ou foi você quem precipitou-se a oferecê-la?

Um dos piores aspectos da tentativa de salvar alguém é o fato de ser uma atitude extremamente presunçosa. Ela está baseada em duas premissas: a primeira é que sabemos o que é melhor para o outro, e a segunda é que essa pessoa é incapaz de lidar com seus sentimentos ou com as conseqüências que

⤚ 36 ⤙

advirão se não interferirmos. É uma atitude extremamente nociva.

Tentar salvar alguém é um processo exaustivo. Deixa-nos exauridos e esgotados por querermos que alguém viva a sua vida da mesma maneira que nós vivemos a nossa. Se você está se sentindo exausto por todos os esforços que fez em favor de outro sem ter recebido nada em troca, saiba que está tentando ser um salvador e que é hora de parar de fazer isso.

Cuide da sua própria vida. Isso pode parecer rude, mas é essencial, se você quer deixar de se sentir amargo e esgotado. Deixe que a pessoa amada tome conta de si mesma. Como uma pessoa adulta, ela tem condições de fazer isso. Talvez você se sinta culpado. Ela pode fazer tudo o que estiver a seu alcance para chantageá-lo emocionalmente e fazer você voltar a se sentir responsável por ela, mas não se deixe manipular. Ela acabará sendo grata a você por isso. Toda pessoa que se deixa salvar acaba se sentindo controlada, manipulada e furiosa. Acaba amargamente ressentida com quem a salvou, sentindo-se incapaz de ser livre e assumir a responsabilidade por si mesma.

Talvez você esteja esperando ser salvo por seu parceiro ou pretendente. Não seria maravilhoso se alguém decidisse tudo por você e o livrasse de suas responsabilidades de adulto? Não, não seria. Porque causa ressentimento e insatisfação. Se você quer que sua relação cresça, saiba a diferença entre apoio e interferência e resolva seus próprios problemas, deixando que o outro resolva os dele.

Compromisso

Essa é uma questão de máxima importância. Todo o êxito de uma relação amorosa está baseado no compromisso. No entanto, é o assunto sobre o qual a sociedade moderna menos nos ensina. Comprometer-se é fazer um voto, uma promessa, ou assumir uma obrigação. É algo que se faz no presente, mas que diz respeito também ao futuro.

Se você abriu o livro nesta página, é hora de voltar às bases e refletir sobre o que é realmente o compromisso. A primeira coisa com a qual você tem de comprometer-se é com a necessidade de ter uma relação amorosa saudável, duradoura, monogâmica e de apoio mútuo. Você merece essa relação e é seu direito tê-la. Desfrute desse direito. Não invente desculpas. Assuma o compromisso de torná-la realidade em sua vida. Se você não sabe como fazer isso, vá a uma boa biblioteca ou livraria e procure ler sobre o assunto. Fale com outras pessoas que vivem uma relação, procure ajuda de um terapeuta, faça algo para torná-la realidade. Quando você assume esse compromisso, o resto vem por si só.

O problema com o compromisso é que você faz uma promessa a você mesmo que pode mais tarde não querer cumprir.

Por essa razão, procure ter certeza absoluta de que vai cumprir sua promessa. Transforme sua palavra em lei. Só se comprometa com aquilo que está realmente a fim de cumprir. Um compromisso é um consentimento explícito a uma restrição de nossa liberdade ou ação. Comprometer-se a encontrar uma relação envolve aceitar também os aspectos aterrorizantes. Essa é a única rota que garante o êxito.

Se você tem uma relação e abriu o livro nesta página, examine o seu comprometimento com ela. Veja se ele foi feito com a devida consciência. Veja se está respeitando esse compromisso. Lembre-se de que no compromisso verdadeiro não abandonamos o barco quando as coisas ficam difíceis. Pelo contrário, permanecemos e lutamos pelo que é nosso de direito. Isso lhe trará uma enorme satisfação.

Se você ou seu parceiro está tendo dificuldade para assumir um compromisso, vá com calma. Examine seus medos. Enfrente possíveis questões do passado não-resolvidas. Assumir verdadeiramente um compromisso é uma decisão de máxima importância que exige tempo para refletir. Mas não a adie infinitamente. Você não fica parado diante de uma compra para sempre, não é mesmo? As lojas fecham as portas e o mesmo acontece com as oportunidades. Se você ou a outra pessoa não consegue decidir, a resposta apropriada é não. Não permaneça numa relação sem comprometer-se, pois ela não vai funcionar e nem fazê-lo feliz.

Lembre-se de que compromisso e amor andam juntos. Trate sempre a ambos com respeito se quiser colher seus frutos.

Bênção

Abrir o livro nesta página é indício de algo muito especial e positivo. É sinal de que você, sua relação ou relação em potencial está abençoada. É uma confirmação de que a relação está sendo dirigida por forças superiores. Essa relação ou, se você está sozinho, sua próxima relação, está predestinada. Vocês dois estão predestinados a se encontrar e a aprender com as experiências que a relação lhes proporcionará. Vocês já se encontraram e voltarão a se encontrar, talvez em outra vida.

Vocês se encontraram, dessa vez e da maneira como o encontro ocorreu, para um propósito, seja por serem almas gêmeas ou simplesmente para darem um grande passo juntos no caminho da vida. Aceite as coisas como elas são, pois independentemente de serem boas ou más, elas são exatamente como devem ser. Procure ver a dádiva que está tendo o privilégio de receber dessa relação. Se as coisas são boas, desfrute-as. Saiba que são exatamente como devem ser. Mesmo as lições mais difíceis são muitas vezes dádivas preciosas. Uma vez que você tenha aprendido a lição que essa relação tem para lhe ensinar, você estará livre para não ter de repeti-la.

Não importa quem concede a bênção, você pode dar o nome que quiser, mas o que você precisa é atraí-la para a sua vida. Receba a graça das forças superiores. Peça a seu Deus, seu Anjo da Guarda, sua Fada Madrinha ou simplesmente à sua boa sorte para ajudar, guiar e abençoar essa união. Você não precisa acreditar para obter o benefício de uma bênção, mas a crença a torna mais poderosa. Simplesmente peça e ela será sua.

Responsabilidade

A essência da responsabilidade é a habilidade de responder (respons-abilidade) da maneira certa e apropriada. Consideramos uma pessoa responsável quando podemos esperar que ela sempre aja de um modo apropriado e conseqüente. A responsabilidade traz implícita a noção de coerência.

Nos dias de hoje, associamos responsabilidade com obrigações corriqueiras, como pagar contas, e também com um comportamento adulto. É muitas vezes vista como algo chato e desagradável. Mas amar verdadeiramente envolve uma disposição para assumir responsabilidades. É o amor que sentimos no coração que nos motiva a agir de maneira coerente e apropriada e é isso, por sua vez, que aprofunda e dá qualidade ao nosso amor.

É hora de você prestar atenção em como está tratando a si mesmo, a seu parceiro ou à possibilidade de ter uma relação. Está agindo de maneira apropriada? Está dando a si mesmo ou a seu parceiro um tratamento do qual você pode se orgulhar?

Afinal, somos responsáveis por nós mesmos e pelo que

fazemos. Contrárias à responsabilidade são as desculpas e as atribuições de culpa a algo ou alguém. A responsabilidade é sempre nossa. Temos de responder por nossas necessidades de segurança, comida, abrigo, calor, auto-estima, amizade e saúde. Temos de responder também por nossas necessidades psicológicas e espirituais. Você está se cuidando como deveria? Está se dando o tempo de sono e repouso necessário para estar em condições de responder por todas as suas outras necessidades? Está se alimentando adequadamente? Está ganhando dinheiro suficiente ou está acumulando dívidas? Está bebendo muito ou descuidando-se? O que você precisa mudar em sua vida para estar em condições de assumir suas responsabilidades? Isso precisa ser feito para que sua relação atual ou futura possa se desenvolver.

Temos também de lembrar que, quando nos envolvemos numa relação romântica, assumimos responsabilidades pelo outro além de por nós mesmos. Você está assumindo a responsabilidade por ter suas necessidades satisfeitas pelo seu parceiro ou esperando que ele as adivinhe? Está satisfazendo e respeitando as necessidades dele de maneira apropriada e devida e, ao mesmo tempo, encorajando-o a ser responsável o suficiente para comunicá-las? Está cumprindo algum acordo que possa ter feito?

Isso nos faz lembrar que o amor viceja quando nossos atos são coerentes com o que dizemos que somos e prometemos fazer. Isso exige um certo nível de maturidade, o qual é recompensado pela qualidade do amor que gera. Não há desculpas, você é capaz disso.

Fantasia

Se você abriu o livro aqui, é hora de examinar o papel que a fantasia está exercendo em sua vida. A fantasia é um produto da imaginação. Diferentemente da realidade, a fantasia está livre das restrições impostas pelos fatos da vida. Fantasiar pode ser algo maravilhoso, um modo de concentrar-se num sonho para transformá-lo em realidade, um momento de diversão ou de escape da realidade. Mas no momento, você está usando a fantasia de um modo negativo — para evitar ter participação plena no presente e na realidade de sua própria vida. Veja de que maneira está fazendo isso. Você sonha com o parceiro perfeito, mas não faz nada para encontrá-lo? Você suporta uma relação infeliz enquanto fantasia uma relação com o vizinho ou com o carteiro para conseguir enfrentar o dia? Se esse é o seu caso, você está usando a fantasia como meio de evitar a verdade, a realidade da sua vida. É hora de parar com isso e de viver no presente. Concentre-se no que é real e procure melhorá-lo.

Talvez você esteja dramatizando muito os pequenos problemas de sua relação. Pare de ver coisas onde elas não existem. Pare de atribuir pensamentos e intenções inexistentes à pessoa por quem sente atração. Se alguém olha para você e sorri, isso é tudo. Essa pessoa não expressou um desejo profundo de estar com você. Nem deu-lhe nenhuma esperança para o futuro. Ela simplesmente sorriu. Se a pessoa não lhe telefona, não marca um encontro com você, não reserva tempo para estar com você nem faz de você uma prioridade em sua vida, então você está vivendo numa fantasia se acredita que está tendo uma relação de fato com ela. Se alguém está com você algumas horas por semana ou passa semanas sem vê-lo, o sonho de ter uma relação com essa pessoa não passa de produto da sua imaginação ou fantasia e não tem qualquer base real. É hora de encarar essa verdade. Esteja livre para alguém disponível e enfrente os medos que o atraem para alguém inacessível. Enfrente o seu medo da verdadeira intimidade.

Talvez você tenha aberto esta página do livro porque sua atração por uma estrela de cinema ou outra celebridade esteja ocupando o lugar de uma verdadeira relação e impedindo que seu potencial para tê-la se realize. Ou, se você está fazendo isso numa relação, é um modo de distrair-se e evitar a plena intimidade com seu parceiro. Qualquer que seja o caso, é hora de parar de fantasiar e procurar aproximar-se de alguém com quem possa ter uma relação real.

É fácil sentir atração por pessoas famosas ou desconhecidas, uma vez que elas podem ser idealizadas, mas isso não é real. Despidas de seu *glamour*, elas também são apenas pessoas comuns. Irritam-se, ficam doentes, cansadas e têm necessidades fisiológicas como todos nós. Na fantasia, elas são tão perfeitas porque nada disso é levado em conta. A fantasia afasta você da vida real. Mas com isso, ela priva você da possibilidade de uma relação verdadeira e gratificante. Deixe de fantasiar e encare a realidade. Mesmo que doa, vale a pena. Você merece ter alguém e algo de verdade.

Viagem

Você está precisando concentrar sua atenção no movimento e nas viagens. Essa é a dica para quem abre esta página do livro. Se você já tem uma viagem programada, é uma confirmação de que ela será bem-sucedida.

Se você não tem nenhuma viagem programada, pode ser o prognóstico de uma aventura amorosa. Se você está sozinho, pode ser que em breve vai encontrar alguém especial numa excursão. Prepare-se para isso. Parta com otimismo e alegria. Mantenha o bom humor e aceite qualquer imprevisto ou alteração do programa de boa vontade e com espírito de aventura. Esteja aberto a seus companheiros de viagem, mas tome conta de si mesmo e não se exponha a riscos baseados em fantasias românticas. Se é para você encontrar alguém especial nessa viagem, não terá de arriscar-se imprudentemente.

Se você tem alguma dúvida ou está indeciso quanto a fazer uma viagem, saiba que ela logo se resolverá e que é de vital importância que você confie em seus instintos. Feche os olhos, peça para encontrar a solução e confie que ela virá. Você vai saber o que fazer quando parar de se esforçar e acalmar sua mente para poder ouvir a resposta.

Pode também ser que essa "viagem" seja um símbolo metafórico indicando que neste momento você está passando por uma transição na sua vida amorosa, de um nível para outro. Talvez você entre numa nova relação com um outro tipo de amor e compromisso. Dá no mesmo. Cuide de si mesmo. Viajar é sempre interessante, mas exige muito. Procure saber com clareza para onde está indo. Mas se for difícil, confie que sua jornada está sendo guiada por uma força superior que defende seus melhores interesses. Em breve, o destino se revelará.

Volte sua atenção para o fluxo da sua vida amorosa. Esteja você sozinho ou envolvido com alguém, é hora de parar de pensar na direção que está tomando. Está deixando as coisas escaparem ou afastarem-se de você?

Está fluindo com facilidade ou sente como se estivesse empurrando água morro acima? Está navegando contente ou colocando o carro na frente dos bois por puro entusiasmo ou desejo de chegar ao destino que idealizou? Preste atenção aos símbolos de movimento e de direção em sua vida.

Lembre-se de que viajar é apreciar o caminho, não apenas chegar. Curta um pouco mais o momento presente, tudo está ocorrendo como deveria.

Segurança

Se você abriu o livro aqui, é porque precisa saber que a segurança é algo essencial para o sucesso das relações amorosas. Sua importância raramente é devidamente reconhecida e seu significado é comumente mal-entendido. O termo segurança significa "estar livre da ameaça ou perigo de agressão" e inclui tanto seu bem-estar físico quanto emocional. Você precisa parar para examinar até que ponto está se sentindo seguro no momento e também até que ponto está seguro na realidade.

Examine primeiro as questões mais evidentes. Faça a si mesmo as perguntas essenciais. Você está fisicamente seguro na relação que tem? Existe violência ou ameaça de violência em sua vida amorosa? Pense bem antes de responder a essa pergunta. A violência vem aumentando ultimamente em sua vida? Você está minimizando ou não dando a devida importância a explosões que se manifestam em batidas de portas e copos quebrados? Encare tais problemas com seriedade, pois do contrário eles só piorarão.

Se você está a fim de uma nova relação ou acabou de conhecer alguém, este é um aviso para que vá com muito cuidado. Marque encontros em lugares públicos e vá devagar até saber se pode realmente confiar nessa pessoa. Se está segura, ela respeitará sua cautela.

Em seguida, examine sua segurança emocional. Como você se sente nas relações? Tem confiança para se abrir e mostrar quem você realmente é ou é desconfiado ou cauteloso, querendo sempre assegurar-se de que não vai ficar vulnerável ou exposto demais? Devemos nos sentir seguros no amor. Merecemos acreditar que nossos sentimentos serão respeitados. Leve isso a sério. Se há algo de errado, não vai desaparecer com você enterrando a cabeça na areia.

Ou, quem sabe você poderia estar mais seguro na sua relação ou relação em potencial do que imagina. Talvez seja hora de você avançar e assumir o risco de ser mais aberto e pedir o que você deseja. Pare para pensar no que você precisa para se sentir seguro. Talvez você necessite praticar isso a sós antes de dividi-lo com outra pessoa. Descubra o que precisa para sentir-se à vontade. Há uma ligação intrínseca entre estar à vontade e sentir-se seguro. Quando você estiver mais em sintonia com seus sentimentos, aprenderá a confiar em seus instintos e saberá quando está em segurança e quando não. Lembre-se de que a segurança é o alicerce do amor.

Os Amantes

Abrir o livro nesta página é indício de algo especial. Saiba que você é uma pessoa de sorte. Os Amantes constituem a essência da relação: o casal voltado um para o outro com a intenção de compartilhar o amor e a experiência da relação.

Esta página diz respeito aos casais. Saiba que você está recebendo a confirmação de que tem o amor que deseja ou que em breve vai encontrá-lo. Se você já o tem, dê-lhe o valor que merece e, se não tem, saiba que em breve isso vai mudar.

Os Amantes trazem implícita a condição de exclusividade, restrita a apenas duas pessoas. Procure assegurar-se de que existem apenas vocês dois e ninguém mais nessa relação ou relação em potencial. Se um de vocês está envolvido com outra pessoa, afaste-se já, pois quanto mais cedo melhor. Se vocês já estão envolvidos apenas um com outro, o vínculo está sendo fortalecido e a união abençoada.

Os Amantes nos fazem lembrar da harmonia existente entre duas pessoas comprometidas com o amor mútuo. Se não existe harmonia, é sinal de que precisamos investir nossas energias nela. Aja como um verdadeiro amante, dispendendo o máximo de esforço para manter a magia. Não subestime a importância de suas atitudes. O poder de manter Os Amantes unidos está em suas próprias mãos.

Isso nos estimula a pensar no que estamos buscando através da experiência do amor. Mantém nosso interesse no prazer e no romantismo. Exige de nós que nos entreguemos a nossos sonhos e fantasias. Como correr o risco de enviar um cartão com uma mensagem romântica ou cometer qualquer outra extravagância. O amor tem o direito de ser maior do que a vida e você também.

Abrir este livro em Os Amantes é também um lembrete da importância da sensualidade. Tire tempo para desfrutar os prazeres do amor erótico, a sós ou com seu parceiro. Prove, toque e cheire as coisas que lhe proporcionam prazer. Preste a devida atenção nos sentidos e dedique tempo à sua relação. Não deixe que a relação caia na rotina. O amor requer tempo e vocês precisam de tempo para se amarem.

Mas é também uma exigência de respeito às bases do amor. Desfrute seus prazeres, mas não desconsidere os aspectos que requerem esforço e persistência. Empenhe-se e comprometa-se com a relação a longo prazo, sem negligenciar o romantismo e a sensualidade. Nenhum desses ingredientes deve faltar para que o bolo não murche. O compromisso precisa da sensualidade e a sensualidade do compromisso. E Os Amantes precisam de ambos. Aproveite.

Coragem

Se você abriu o livro nesta página é porque é hora de ter coragem. Algo está sendo exigido de você e isso pode não ser fácil nem cômodo. Você terá de criar coragem para encarar o que for preciso. O retraimento e a timidez não estão funcionando. Quanto mais você adiar, mais demorará para alcançar o seu objetivo.

Todos nós temos uma certa dose de coragem e para cada um de nós ela significa coisas diferentes. Todos temos também nosso calcanhar-de-aquiles. Para algumas pessoas, é fácil escalar montanhas e saltar de pára-quedas, embora possam ter medo de aranhas. A mesma coisa acontece na vida amorosa. Alguns têm medo da intimidade e, por isso, evitam ter relações, apaixonando-se por alguém inacessível ou que não corresponde a suas expectativas. Outros sentem-se à vontade com a intimidade, mas têm medo de se comprometer e permanecem na relação sem assumir nenhum compromisso para o futuro. Outros ainda têm medo de assumir a responsabilidade por si mesmos, dependendo do parceiro para a satisfação de todas as suas necessidades.

É hora de você admitir seu problema específico e de começar a enfrentá-lo. É hora de deixar que alguém disponível e apropriado se aproxime. É hora de lidar com possíveis sentimentos reprimidos que o tornam tão carente ou tão encarniçadamente auto-suficiente. Talvez seja hora de você se separar ou de admitir que nunca vai se separar.

Ter coragem significa tomar uma decisão e colocá-la em prática.

Significa não desistir quando as coisas ficam difíceis. Significa estar disposto a tentar outras possibilidades e suportar o incômodo de ampliar os limites dentro dos quais nos sentimos seguros e protegidos. Significa ir além do que conhecemos e confiar que teremos os recursos necessários para sermos bem-sucedidos e que seremos capazes de lidar com nossos sentimentos. E acima de tudo, ter coragem significa estar disposto a reconhecer o próprio medo e sentir esse medo sem deixar que ele nos impeça de fazer o que tem de ser feito. É muito fácil supor que as pessoas corajosas não sentem o medo que sentimos, mas isso não é verdade. A coragem delas está na disposição de vencer o medo, sabendo que essa é a única maneira possível de vencê-lo. Seus sentimentos acompanharão suas atitudes e não o contrário. Se você esperar o medo desaparecer para dar um passo, terá de esperar eternamente. Mas se você se dispuser a dar esse passo apesar do medo, ele desaparecerá. A idéia de quanto algo é assustador normalmente é pior do que é na realidade, mas se não tiver coragem para enfrentá-lo você nunca poderá saber.

Diante do que você está precisando ter coragem? O que você precisa enfrentar? O que precisa mudar em sua vida? O que você faria, como viveria se não tivesse nada a temer? Sem desrespeitar os outros, desobedecer as leis ou arriscar sua saúde e segurança, você precisa começar a enfrentar alguns riscos em sua vida amorosa. Crie coragem e vá em frente. A hora é agora.

Individualidade

Se você abrir o livro nesta página é porque está precisando reconhecer a individualidade de cada pessoa. Cada um de nós tem sua própria individualidade, quer estejamos profundamente envolvidos numa relação a dois ou sozinhos. A individualidade é uma qualidade importante que precisa ser respeitada e negociada se quisermos que a relação seja bem-sucedida.

Se você está sozinho, terá de respeitar sua individualidade e proteger sua identidade quando entrar numa nova relação. Isso não significa fugir do compromisso nem colocar as suas necessidades acima das da outra pessoa. Mas significa não abrir mão de sua verdadeira identidade e de seus verdadeiros valores. Você não tem de se tornar o que acha que a outra pessoa espera que você seja. Seja você mesmo e acabará encontrando a pessoa certa, que será capaz de valorizar a pessoa que você é.

Se você já tem uma relação, estas páginas são para lembrá-lo de que vocês dois são indivíduos que fazem parte dessa união amorosa. Quem são vocês? Você sabe? Seu parceiro sabe? É comum nos perdermos em nosso afã de querer agradar.

54

Acontece também de ficarmos tão aferrados aos conflitos ou à necessidade de nos defendermos que acaba não sobrando espaço para sermos quem somos realmente.

Todos precisamos refletir sobre quem somos. Dê-se um tempo para retomar o contato consigo mesmo. Procure demonstrar quem você é sem deixar de respeitar os outros. Qual é a sua opinião? Não espere que outra pessoa diga o que você pensa, você já sabe. Do que você gosta, o que você quer ou deseja?

A necessidade de individualidade também se manifesta quando não há espaço suficiente na relação. Quando as necessidades de dependência de um sufocam de tal maneira a liberdade do outro que chegam a anulá-lo. Queremos nos sentir seguros e amados, mas não entendemos que podemos estar seguros e ao mesmo tempo ter espaço suficiente para respirar um pouco de ar puro. Mas podemos.

Tudo é uma questão de equilíbrio, confiança e honestidade. É possível haver uma relação profunda com um pouco de espaço para o sol entrar. É seguro ser você mesmo.

Vício

$\mathscr{E}$ssa é uma chamada muito séria, por tratar-se de um assunto de extrema gravidade. Se você abriu o livro nesta página, saiba que existe algum vício rondando suas relações.

Pode ser uma dependência física óbvia. Alguém em sua família está bebendo, fumando, comendo, tomando drogas ou jogando compulsivamente? Não podemos ter sucesso nas relações enquanto ignoramos nossas dependências. Temos de encará-las. A maioria dos vícios é, porém, insidiosa. A sociedade está de tal maneira repleta de vícios que eles acabam envoltos por uma cortina de negação. Quem está disposto a admitir a existência de vícios? Eles servem para evitarmos encarar a verdade.

É hora de encarar a verdade. O menor passo na direção certa já é um começo. Um dos benefícios de nossa sociedade viciada é a existência de tantos meios de ajuda aos viciados. É só procurar para encontrá-los. Pegue o telefone, consulte seu médico, informe-se na biblioteca ou entre em contato com algum serviço através da Internet. A ajuda está a seu alcance.

Pode ser seu ex-parceiro, o parceiro atual ou futuro que

tenha um vício declarado, mas há também um indício de uma tendência compulsiva em sua atração por eles.

Os vícios servem para encobrir o que sentimos. A pessoa sente-se impelida a fazer algo para não ter de suportar os sentimentos que são dolorosos, incômodos ou desconhecidos. Por isso, ela age compulsivamente, qualquer coisa serve enquanto conseguir mantê-la afastada dos sentimentos que está tentando evitar. Usamos o trabalho, as compras ou a televisão, não apenas o álcool. As relações são outra forma socialmente aceita de compulsão. Em geral, é difícil considerar alguém que não sabe ficar sozinho ou que está embriagado de amor como alguém viciado. Mas quando esse estado de embriaguez vai além do período da lua-de-mel, ou quando a relação é muito inconstante e a pessoa não consegue viver nem acompanhada nem sozinha, é sinal de que está usando a relação para evitar seus sentimentos.

A boa notícia é que os sentimentos que está tentando evitar são na realidade suportáveis. É a energia acumulada durante a tentativa de evitá-los que os torna insuportáveis. Mas se a pessoa começa a deixar que eles venham à tona e os aceita, aos poucos eles vão perdendo a intensidade e ela aprende a suportá-los. Seja corajoso. Reconheça que é dependente, controle sua tendência a evitar os sentimentos e ouse senti-los. Eles não permanecerão para sempre nem o sufocarão, apesar do medo que você tem de que isso possa acontecer. O verdadeiro amor encontra-se no extremo oposto da dependência e o único caminho que leva até ele é o dos sentimentos. Você pode chegar lá.

Problemas de Infância

O recado para quem abre o livro nesta página é que sua possibilidade de ter êxito no amor está sendo prejudicada por suas experiências de infância.

Nossas relações adultas são sempre influenciadas pelo que vivemos e presenciamos quando crianças. Mas às vezes essa influência é demasiadamente forte e negativa.

Pare para examinar se as regras que regem suas relações são as mesmas que você aprendeu quando criança. Seus pais viviam juntos ou separados? O que eles passavam para você era uma relação de amor, verdade, comunicação e respeito? Ou de mentiras, falsidade, injustiça e desrespeito? De suas experiências de infância, o que você trouxe para as suas relações adultas? Você está querendo que seu parceiro o trate como pai ou mãe porque não recebeu suficiente atenção de seus próprios pais? Está atrás de casos passageiros, porque ambos os seus pais, ou um deles, eram emocionalmente ausentes ou inacessíveis quando você era pequeno? Você é extremamente controlador porque esse foi o papel que teve de assumir em sua família ou sente-se sufocado como se sentia quando criança? Examine atentamente o que está acontecendo.

Reveja as crenças ou regras que sustentam seus relacionamentos. O que você acha ser certo ou errado? Como você espera agir ou ser tratado? Estabeleça as ligações entre seus valores atuais e o modo como foi criado. Suas escolhas são livres, adultas e baseadas em informações reais ou você está sendo dirigido pelo passado? Tire tempo para avaliar os possíveis problemas de infância que continuam atrapalhando a sua vida adulta. É onde você pode encontrar as respostas e, portanto, o que necessita de sua atenção. Pode ser que seja o problema de seu parceiro também, mas não faça disso uma desculpa para não olhar para si mesmo. Se foi você quem abriu o livro aqui, é para você o recado.

Talvez seja um indício de que a separação entre você e seus pais não se deu de maneira apropriada. Você é livre para escolher por conta própria com quem e como se relacionar? Se não, é hora de cortar o cordão umbilical e crescer. É hora de ser você mesmo e não mais a criança que um dia foi. Você precisa deixar a casa de seus pais, tanto emocional quanto fisicamente.

É importante não usar as relações para seus atos de rebeldia. Se você sempre teve de ser confiável quando criança, não precisa trair a confiança dos outros para provar que é adulto. Faça suas escolhas, por você mesmo e não em função dos outros.

É hora de resolver o passado e deixá-lo para trás. Mas você não vai conseguir fazer isso se não tirar as lições dele e reconhecer de que maneira ele continua influenciando seu comportamento.

Gratidão

Se você abriu o livro nesta página, foi para lembrá-lo de que sempre há em nossa vida e relações aspectos pelos quais devemos ser agradecidos. Esse pode ser um período extremamente feliz e gratificante em sua relação. Se você acabou de encontrar o amor, dê graças. Se você o está buscando, valorize as pessoas que encontra em seu caminho.

A gratidão nos leva a valorizar as dádivas que recebemos. Se a vida está sendo generosa, é mais fácil sentirmos gratidão. Mas é nas horas difíceis que a gratidão torna-se mais importante. O que sua vida tem de bom para você ser grato? Das pequenas coisas às mais importantes. Seja grato por poder respirar, por seu coração bombear sangue por todo o corpo, por ser livre para ter seus próprios pensamentos.

Valorize o amor e o apoio que recebe das pessoas próximas e se está enfrentando dificuldades, valorize o fato de ter alguém com quem lutar e crescer nessa hora difícil, independentemente de como será o futuro. Cada experiência é uma lição de vida. Cada dia que passa nos torna uma pessoa diferente da que fomos ontem. Valorize o fato de ter a possibilidade de escolha para influenciar quem você é. O presente e o futuro são escolhas suas.

"Aquilo em que você concentra a sua atenção aumenta"; essa é uma das leis básicas da vida. Isso vale especialmente com respeito à gratidão. Se você tem pensamentos negativos, a vida piora, mas, se você volta a sua atenção para o que há de positivo, você descobrirá mais coisas boas.

Se você está a fim de ter uma nova relação, valorize as que já teve. Valorize a si mesmo e os aspectos positivos de estar vivendo sozinho. Se você está pensando em terminar uma relação, valorize tudo de bom que ela teve e também a liberdade que tem de terminá-la.

Cuide de si mesmo e dê atenção à sua vida amorosa, concentrando-se no que tem para sentir-se grato e veja como tudo melhorará.

Projeção

brir o livro nesta página indica que você está vendo no outro características que pertencem a você mesmo. Perceber isso pode ser extremamente difícil e ainda mais difícil de admitir.

Normalmente, estamos convencidos de que o problema, qualquer que seja, está no outro. É a raiva dele, seu egoísmo, sua fraqueza ou sua passividade. São os outros que são chatos ou difíceis, ou é assim que parecem ser. Fazemos o mesmo também com as qualidades positivas. Insistimos que a outra pessoa é corajosa, honesta ou digna de confiança, amorosa, generosa ou atenciosa, mas muitas vezes estamos vendo o que projetamos nela. Elas são simplesmente a tela em que projetamos o filme que nós mesmos criamos. Procure ver além de suas projeções para descobrir quem realmente é seu parceiro atual ou em potencial. E assuma a responsabilidade pelo que você está projetando para saber mais sobre si mesmo.

A projeção é útil porque faz você se voltar para si mesmo. Qualquer que seja a qualidade que vê no outro, você precisa enxergá-la em si mesmo, seja ela positiva ou negativa. Se a outra pessoa está furiosa, saiba que é você quem está com raiva, mesmo que não esteja demonstrando-a. Se o outro parece mesquinho ou desonesto, concentre-se nos modos como você é mesquinho ou desonesto. Quando você enfrenta os aspectos de si mesmo que está projetando em alguma outra pessoa, eles misteriosamente se tornam menores na outra pessoa. E, então, você pode ver quem ela realmente é.

Em grande parte, o propósito das relações é a possibilidade de termos essa tela na qual projetar nossos filmes. De que outra maneira poderíamos conhecer o conteúdo de nossos próprios filmes se não tivéssemos uma tela na qual projetá-los? Mas a projeção também é a causa de muitos de nossos problemas de relacionamento. Para resolvê-los, temos de ver nossos parceiros como espelhos nos quais podemos nos enxergar. Se o que você vê é problema, procure mudar esse aspecto em si mesmo, não no outro. Quanto mais você conseguir perceber isso, maior será a probabilidade de ter uma relação verdadeira que vá além das projeções e seja mais gratificante.

Casamento

C air nesta página é presságio de união. Ela pode ser tomada literalmente. Pode significar um casamento que aconteceu recentemente ou que está por acontecer e pode também referir-se a uma relação de convivência. O casamento supõe a existência de uma união criada por ambos os parceiros. Pode referir-se a um vínculo emocional, no qual o amor que existe entre os parceiros esteja criando um laço profundo, como também o próprio casamento.

Você pode já ter encontrado ou estar prestes a encontrar sua alma gêmea. Ou pode referir-se a um casamento que não vai durar. É sinal de que você está no momento com a pessoa certa com a qual trabalhar para chegar a um entendimento mais profundo do que seja um relacionamento. Saiba que, se você aprender a lição que essa relação está lhe oferecendo, o resultado será uma união duradoura.

Lembre-se de que casar é assumir um compromisso sério. Que a união é para "todas as situações, na riqueza e na pobreza, na saúde e na doença". O casal precisa estar unido em quaisquer que sejam as circunstâncias, para apoiar um ao outro em todos os momentos, não apenas nas horas boas. Essa é a lição do casamento.

∽ 64 ∽

Pode também indicar a necessidade de você unir duas partes em você mesmo, as quais até agora manteve separadas. Para sermos inteiros, precisamos integrar todos os nossos aspectos. Pode ser uma sugestão para você considerar a possibilidade de dar esse passo no sentido de alcançar uma união interior.

Você vive sua vida em compartimentos separados? Você mostra uma faceta nas relações amorosas e outra para os amigos e familiares? É hora de você assumir a totalidade, de unir-se consigo mesmo ou com outra pessoa para depois colher os frutos dessa união. O casamento proporciona integração, união e plenitude.

Repetição

A repetição pode ser tanto frustrante quanto liberadora. Você precisa parar para examinar o que está acontecendo com suas relações, por que está outra vez vivendo uma situação que é sua velha conhecida.

Procure perceber o que ela tem de incômodo, embora familiar. Admita que já esteve outras vezes nessa mesma situação. Encare a verdade de que, embora a pessoa, os detalhes ou as circunstâncias possam ser diferentes, você se encontra na mesma situação em que já esteve outras vezes. Seja essa uma versão mais ou menos extremada, procure concentrar-se nas semelhanças e não nas diferenças. Então, você descobrirá qual a lição que a recorrência dessa situação está lhe oferecendo.

Quando negamos e justificamos, culpamos ou desculpamos, deixamos de perceber a razão de estarmos nessas circunstâncias. A vida é uma série de lições a serem aprendidas. Quando descobrimos e aprendemos a lição que temos diante de nós, podemos seguir em frente sem termos mais de repetir as mesmas situações. Mas quando a situação se repete, na mesma forma antiga ou renovada, é porque não aprendemos realmente ou integralmente sua lição. Essa é sua nova oportunidade de aprendê-la. Se você quer se livrar da repetição, terá de descobrir e enfrentar aquilo que ainda não foi resolvido satisfatoriamente.

Console-se com o fato de que a maioria de nós precisa voltar à mesma situação muitas e muitas vezes para aprender sua lição. Mas, mesmo que aprendamos apenas um pouquinho a cada vez que a mesma situação se repete em nossa vida, esse pouquinho será suficiente para torná-la menos traumática e dolorosa da próxima vez.

Não se deixe abater se, depois de ter feito alguns progressos, a mesma situação retornar, e com mais força do que nunca. Pode ser o acerto de contas final. Mas preste atenção: se a cada vez que a situação reaparece, você a nega, não aprenderá a lição. E ela voltará de forma cada vez mais dolorosa e dramática para conseguir atravessar a barreira de sua negação.

Por fim, você terá de enfrentá-la, de um jeito ou de outro. Por que não agora? Por que não de maneira suave e indolor?

Problemas Financeiros

*S*e caiu neste tema é porque você está precisando considerar o impacto de suas finanças sobre a sua relação. A falta de dinheiro, ou o fato de tê-lo em excesso, está causando tensão na relação ou impedindo que você tenha uma? A relação é equilibrada financeiramente? Procure ver quem tem o poder e quem está controlando quem financeiramente.

O problema mais freqüente que resulta de tal desequilíbrio é o ressentimento. É comum as pessoas iludirem-se que estão satisfeitas com os arranjos financeiros que lhes proporcionam um aparente bem-estar. Talvez seja cômodo ser o provedor ou ser sustentado pelo outro. Mas se ambos não estiverem plenamente de acordo quanto a isso, essa situação pode perturbar o equilíbrio da relação. Se você não reconhece a existência do problema, ele pode atuar insidiosamente. Examine o que você está ganhando com a manutenção de um determinado arranjo financeiro ou de uma relação de submissão. Tenha clareza dos possíveis problemas financeiros existentes na relação e consinta apenas com o que estiver de acordo com seus princípios. É fácil camuflar a verdade nessa situação, mas ela sempre volta para nos perseguir. Os problemas relacionados com o dinheiro são muito importantes — não os ignore.

Pode também ser uma sugestão para que você lide com seus próprios problemas financeiros, em lugar de se preocupar com os problemas do parceiro ou pretendente. Você espera encontrar alguém rico ou está tentando comprar o amor de alguém? Veja como isso está influenciando o seu modo de se relacionar.

Sempre é mais fácil perceber como o outro lida indevidamente com o dinheiro do que como nós fazemos isso. Mas procure enxergar como você mesmo lida com esse problema e deixe que os outros aprendam suas próprias lições, a não ser que estejam arrastando você junto para a ruína. Se esse for o caso, enfrente-o.

Dinheiro é energia, essa é a verdade mais importante. Desperdiçando-o, você estará desperdiçando a si mesmo; segurando-o demais, você estará tirando-lhe a vida. Procure ver de que maneira suas finanças refletem o fluxo de energia em sua própria vida amorosa e enfrente o problema. Ele não se resolverá por si mesmo.

Pressões Familiares

Abrir o livro nesta página é sinal de que suas relações estão sendo influenciadas por outras pessoas. Provavelmente por parentes ou familiares diretos, mas talvez você também tenha de levar em conta quem você considera como parte da família. Com quem você passa a maior parte do tempo e com quem tem compromisso emocional? Talvez seja com seus colegas de trabalho, de esporte ou com um grupo de amigos.

Pressão familiar pode significar desaprovação e falta de apoio da família a seus relacionamentos ou parceiros em potencial. Se você acha que está sendo apoiado por seus familiares, volte a examinar a questão e pergunte-se se eles estão realmente apoiando a sua relação. O verdadeiro apoio não separa, nem coloca uma pessoa contra a outra. Não julga nem critica. Ele reconhece que há dois lados envolvidos e que apenas eles podem realmente saber se e como a relação funciona.

Você está se sentindo pressionado a permanecer leal aos membros de sua família que não apóiam o parceiro que você escolheu? Se isso está acontecendo, talvez esteja na hora de você desatar esses laços familiares. Ser adulto é partir para criar a própria família. Você pode escolher cercar-se de pessoas que possam oferecer amor e apoio a você e a sua relação.

Pressão familiar pode também significar uma pressão exercida por uma unidade familiar ou grupo de pessoas com quem você convive. Você e seu parceiro estão seguindo rumos contrários? Seus filhos, ou seu desejo de tê-los, estão enlouquecendo-o, esgotando-o? Você está precisando de uma pausa ou de mais tempo com seu parceiro? Alguém em sua família está demonstrando algum problema de comportamento? Entenda que isso pode estar acontecendo porque você e seu parceiro não querem reconhecer e lidar com seus próprios problemas e que o problema dessa pessoa pode estar espelhando os seus.

Você está em conflito com seu parceiro com respeito ao compromisso que cada um tem com sua própria família de origem ou com o fato de constituírem uma família própria? A quem você está tentando agradar? O melhor a fazer é voltar a atenção para você mesmo ou para sua relação. Defina quais são as suas prioridades e o que é melhor para você com respeito a cada uma das relações. Mas faça isso com respeito e boa vontade para com as pessoas a seu redor. E, acima de tudo, não assuma compromissos nos quais não acredita realmente.

Reserve tempo para resolver o problema em questão. Aja no sentido de aliviar a pressão. É claro que com respeito a certas pressões familiares não há nada que você possa fazer senão esperar. Se é esse o caso, procure fazer com que a situação se torne o mais fácil possível para ambos enquanto isso.

Expectativas

$\mathcal{E}$ste é um lembrete da importância de você ter e manter expectativas realistas em seus relacionamentos. É com base nas suas expectativas que você faz seus julgamentos ou avaliações. É preciso que você considere certo seu modo de pensar para poder julgar se algo o satisfaz ou não. Essas expectativas têm a ver com valores morais de integridade, honestidade e decência; elementos vitais para que as relações sejam satisfatórias. É a espinha dorsal do amor.

Quais são seus valores com respeito ao amor? Você acredita em lealdade, respeito e compromisso? Você tem expectativas com relação à monogamia, atenção e prioridade? Você acha que os parceiros devem estar disponíveis um para o outro no dia-a-dia ou você se dispõe a ficar em segundo lugar nas prioridades de seu parceiro? Você precisa saber quais são suas crenças ou valores. Você precisa saber se tem expectativas com respeito a um determinado assunto e, se não tem, como proceder para desenvolvê-las. As pessoas com grandes expectativas são as mais bem-sucedidas no amor. Fale com pessoas que você respeite, que tenham relações que funcionam bem e leve em conta os conselhos delas. E quando obtiver um que lhe seja válido, procure segui-lo. Não se acomode simplesmente ao que pode obter. Não faça concessões e depois se justifique por não ter funcionado. É hora de parar de fazer isso.

Se você acredita que é uma pessoa que tem importância e valor, você espera ser tratada como tal. Se conhece o seu valor, você terá grandes expectativas e não se contentará com menos. Mas por enquanto você não conhece o seu próprio valor. Embora talvez tenha uma auto-estima alta em outras áreas da vida, com respeito ao amor ela é baixa. Você tem direito a desfrutar de uma relação amorosa de alto nível, mas não tem consciência disso. Você não tem mais de se contentar com migalhas. Fazendo isso, você se mantém num círculo vicioso. As migalhas deixam você com fome e, nesse estado, fica agradecido ao receber qualquer migalha. Você precisa compreender que tendo expectativas mais altas no amor, você terá respeito suficiente por si para reconhecer as migalhas pelo que são, simplesmente migalhas.

Concentre-se antes de tudo nos aspectos essenciais. Você merece ser respeitado. Seu parceiro tem a obrigação de telefonar quando prometeu que o faria, chegar na hora marcada e mostrar interesse por você e sua vida. Em seguida, coloque em prática suas expectativas e obterá muito mais do que isso.

Talvez seja você quem tenha de adequar seu comportamento a esse padrão. Você trata seus parceiros com boa vontade e respeito? Você cumpre o que promete? Precisamos viver de acordo com altos padrões para sermos bem-tratados. Lembre-se de que o mundo sempre faz voltar para nós nossos próprios comportamentos e atitudes através de outros. É fácil criticar os outros sem olhar atentamente para nós mesmos. Eleve suas expectativas, siga-as e aproveite os frutos de sua colheita.

Você Colhe o Que Semeou

*E*ssa é uma lei vital da natureza. Às vezes, entretanto, é preciso que nos voltemos para o todo para podermos comprovar a sua veracidade. Esse ditado nos faz lembrar de que tudo o que semeamos volta para nós de uma forma exagerada. Mesmo que não seja evidente para você, saiba que isso sempre ocorre em nossas relações.

Essa lei exige de nós que tratemos os outros como gostaríamos que nos tratassem. Com amor e boa vontade. Que sejamos generosos, solidários e atenciosos. Que lembremos onde começa e termina nosso poder de ação e que não interfiramos nos assuntos dos outros. Que os apoiemos sem assumir a responsabilidade por eles e nem os façamos responsáveis por nós. Que devemos agir com honestidade se quisermos ser tratados com honestidade. Se somos maldosos, desonestos e mesquinhos, seremos tratados da mesma maneira. Se usamos as pessoas, nos veremos sendo usados por elas. Você precisa tomar muito cuidado com o que semeia, pois tudo voltará para você. Seus valores são falsos? Você já se flagrou criticando ou julgando os outros? É assim que você quer ser tratado por seu parceiro real ou potencial?

Essa regra também vale para quando sentimos que estamos sendo tratados com desrespeito, insensibilidade, desonestidade ou de qualquer outra maneira que nos magoa. Você precisa reconhecer que de alguma maneira semeou isso. O que você fez anteriormente voltou para você. Você pode mudar isso semeando algo diferente e melhor. Pare de espalhar sementes de negatividade e não terá mais seus frutos negativos. Comece agora, pois é no presente que criamos o futuro. Seja generoso com o que semeia e esteja preparado para desfrutar os prazeres que virão para você no futuro próximo.

Período de Transição

Quando esta página é aberta a ordem é mudar. Você está passando de uma fase para outra, mudando o seu modo de ser. As coisas não são mais como eram e tampouco como serão no futuro. Esse é o período de transição entre o passado e o futuro. É importante definir o que acontece quando alteramos uma velha estrutura ou mudamos um modo de ser, para que possamos criar um novo. Essa é uma experiência interessante e gratificante, mas pode também ser extremamente difícil, assustadora e até mesmo caótica. É importante que você saiba que é assim com todo mundo.

Em momentos como esse é importante confiar no processo. Embora possa parecer que as coisas não fazem muito sentido nesse exato momento, uma nova ordem está se formando. Ela está em gestação sob a superfície, só que ainda não se manifestou.

O mais importante é você aceitar o que se apresenta como mais premente no momento e não resistir. Não é mais possível voltar atrás, mesmo que você queira. A onda já rebentou na praia e não tem mais a estrutura perfeita que tinha. É agora uma massa informe de espuma branca. No momento, não existe ordem nem clareza, mas ela voltará a formar uma outra onda, igualmente bela e perfeita, mas ainda assim diferente. Tudo isso está acontecendo por baixo da superfície.

Se os acontecimentos externos são reflexos dessa transição, não suponha que sejam tudo o que está acontecendo. Reconheça a transição menos evidente e deixe que qualquer mudança mais profunda se processe, em você mesmo ou na sua relação. Não tente ter tudo sob seu controle. A nova onda necessita de espaço para se formar.

Desonestidade

Abrir o livro nesta página é indício de que há alguma desonestidade ou falta de sinceridade em sua relação. Você sente um aperto no coração ao ler isso? Você sabe exatamente o que é, mas preferiu ignorar ou negar esse fato? Bem, é hora de encarar a verdade. Para ser saudável, uma relação não pode tolerar a desonestidade. É essencial que haja honestidade. Ela é crucial para que haja amor e felicidade e, se você não encará-la, nunca estará em paz.

Se você acha que o que está acontecendo atualmente em sua vida não tem nada a ver com desonestidade, então você precisa ir um pouco mais fundo para perceber que tem tudo a ver. A desonestidade é uma das características mais traiçoeiras que podem, por sua vez, nos tornar desonestos: "Não estou roubando, mas apenas pegando algo que alguém perdeu", "Não estou traindo, só saindo uma noite com outro homem". É assim que mentimos para nós mesmos e, acreditando nisso, mentimos para os outros ao nosso redor. Essa situação sempre acaba em lágrimas. Sempre pagamos por sermos desonestos e o preço é extremamente alto.

Às vezes, somos desonestos por nos calarmos. Não dizemos o que pensamos ou sentimos com respeito a algo que na realidade nos importa. Tenha a coragem necessária para dizer o que pensa. Procure agir de acordo com o que diz.

Se você acha que essa é uma referência a seu parceiro, ou parceiro em potencial, e não a você mesmo, é importante saber que na verdade está se referindo a ambos. É comum não querermos enfrentar o problema quando alguém está sendo desonesto conosco. Dessa maneira, evitamos confrontar as incoerências ou os fatos que nos causam suspeitas. Nós sempre sabemos mais do que admitimos quando alguém não está nos dizendo a verdade. Se você é honesto consigo mesmo, a desonestidade do outro se evidenciará.

Enfrentar a desonestidade exige coragem, mas traz suas próprias recompensas.

Dependência Mútua

Se você abriu o livro aqui é para saber que você cria a sua própria felicidade. Ser co-dependente é colocar as necessidades de seu parceiro ou parceiro em potencial diante das suas, a ponto de não reconhecê-las ou até mesmo de ignorá-las. Conhecemos bem a frase "Sou feliz se você é feliz", mas se é com essa atitude que você enfrenta sua vida, ela não pode ir bem. Significa que você só vai conseguir se fazer feliz se fizer antes seu parceiro feliz. Mas, infelizmente, você não tem nenhuma garantia de que isso seja possível. Significa também que, para conseguir isso, você terá de ignorar o que você mesmo quer.

O comportamento co-dependente inclui também tomar conta das necessidades do outro (sejam elas práticas, emocionais ou ambas) com a expectativa de que, satisfeitos os desejos dele, haverá espaço para os seus próprios desejos, ou com a esperança de que ele também será suficientemente co-dependente para dar a você mais importância do que a ele mesmo.

É claro que, se essa pessoa tem um mínimo de respeito próprio, ela não vai fazer isso. Ela sabe que precisa priorizar a

80

própria vida. Pode respeitar as suas necessidades e negociar em favor da felicidade de ambos, mas se for sensata, e não co-dependente, não será desleal consigo mesma a ponto de achar que tudo ficará bem. Para quem é co-dependente, é fácil considerar a si mesmo como uma pessoa boa e generosa e quem não se comporta da mesma maneira como alguém cruel e egoísta, mas isso não é verdade. A co-dependência é algo negativo.

É comum as pessoas ficarem aprisionadas numa relação de dependência mútua, com uma tentando satisfazer as necessidades da outra com a expectativa de que da próxima vez o outro vai satisfazer as suas. A coisa fica complicada e enroscada. Por que ficar tentando adivinhar o que o outro quer para satisfazê-lo, quando você pode ser simplesmente honesto com o que você mesmo quer e procurar a melhor maneira de consegui-lo.

Desvie a atenção da outra pessoa e coloque-a em você mesmo. Tome consciência de seus sentimentos ou necessidades. Comece a expressá-los e a cuidar de si mesmo. Tentar obter o que se quer por meios excusos acaba criando muito ressentimento e levando desnecessariamente a negociações extremamente complicadas. Seja honesto e seja egoísta no melhor sentido da palavra. Faça a si mesmo o favor de definir suas necessidades e desejos.

Expressar quem você é, o que sente e quer pode ser algo muito assustador. Vai contra as convenções, mas é o único caminho para se chegar a um relacionamento feliz e bem-sucedido. Seja verdadeiro com você mesmo e tudo o mais virá naturalmente. Faça isso com respeito e sem demora!

Meditação

Abrir o livro nesta página é sinal de que você, tanto em sua vida quanto em sua relação, está atravessando um período em que ficará mais tempo com você mesmo, sentindo-se mais afastado dos outros do que de costume. A Meditação aqui é para orientá-lo a tirar o máximo proveito desse espaço que a vida está lhe oferecendo. Reserve algum tempo para pensar realmente em si mesmo e nas suas relações. Dedique-se a atividades que lhe enriquecem e proporcionam a oportunidade de se sentir realmente em sintonia consigo mesmo e com o mundo ao seu redor.

Talvez você esteja precisando descansar e relaxar mais. Ter umas horas de tranquilidade, desligar o telefone e a televisão e colocar de lado o que está lendo para dizer "Olá" para você mesmo. Tenha uma conversa consigo mesmo. Descubra o que você quer fazer nessas horas de tranquilidade. Não se pressione muito. Talvez você possa fazer isso duas vezes ao dia por cinco minutos, em vez de fazer planos ambiciosos que depois não será capaz de cumprir.

Meditar realmente é silenciar a voz interior, abrindo um espaço sereno onde você possa entrar em contato com sua própria espiritualidade e sabedoria interior. É nesse espaço tranqüilo que você vai poder aprender a ouvir as vozes dos anjos da guarda que o rodeiam e protegem. Procure meditar da maneira que lhe for mais conveniente. Adquira uma fita-cassete ou um livro que possa lhe dar as instruções básicas. Você não precisa segui-las ao pé da letra. Relaxe e descubra o que é melhor para você. Um dos métodos mais simples e produtivos para aprender a meditar é a Ioga. Trata-se de um método extremamente eficaz.

Se, ao contrário, sua vida for muito atribulada, com muito pouco espaço ou tempo para si mesmo, então é um aviso de que é hora de mudar. Você terá de criar um espaço para si mesmo, se não quiser sofrer as conseqüências dessa falta de consideração para com você mesmo. Você é importante e ninguém é indispensável todas as horas do dia. Não planeje fazer isso na semana ou no mês que vem, mas faça-o agora e tanto você quanto sua relação serão beneficiados.

Escuridão

Quem abre o livro nesta página está passando por um período difícil. Talvez seus relacionamentos não estejam indo tão bem quanto você gostaria. Ou talvez um de vocês ou ambos tenham passado por um período particularmente difícil. Talvez você esteja encontrando muita dificuldade para estabelecer uma relação satisfatória. O problema que você está enfrentando pode ter causas aparentes ou pode referir-se a uma insatisfação mais profunda.

Pare para examinar o que vem acontecendo com você nos últimos tempos. Ofereça a si mesmo uma xícara de chá, um abraço e um pouco de compaixão. Você tem plena consciência do quanto as coisas têm sido difíceis? Você conversou sobre isso com alguém em quem confia ou com seu parceiro? Reconhecer as dificuldades traz um bocado de alívio. Reconheça que está sendo um período difícil e prepare-se para seguir em frente. A boa notícia é que depois da noite vem o dia. A vida é movimento e ritmo. Assim como inspiramos e expiramos, o coração se fecha e se abre enquanto bate, também depois do mal vem o bem e depois da morte vem vida nova. A hora mais escura da noite é a que antecipa o alvorecer.

Solte um suspiro de alívio. Saiba que dias mais fáceis estão se aproximando. Saiba que esse período de sua vida não vai durar para sempre. Seja amoroso com você mesmo e com seu parceiro e recorra às suas reservas de energia para superar essa fase difícil.

Não se esqueça de cuidar de si mesmo. Coma bem, durma bastante e evite toda pressão possível. Acenda uma vela e lembre que a alvorada está chegando.

Não há nada que possa garantir que sua relação irá ou deverá sobreviver ou que a relação que você espera desenvolver se tornará realidade. Pode ser que você consiga o que espera ou pode ser que tenha de enfrentar a separação. Mas disso tudo resultará um novo começo.

Lembre-se de que não se trata de um chamado à ação. Trata-se, sim, de você reconhecer a escuridão e não de negá-la ou resistir a ela. Esse reconhecimento levará você em direção à luz.

Amor

Você está diante de uma oportunidade extraordinária para descobrir a verdadeira natureza do amor e acolhê-lo em sua vida.

Fala-se e escreve-se muito sobre o amor. Ele também é louvado em inúmeras canções. Ouvimos falar de amor romântico, amor à primeira vista, declarações de amor e buquês de flores. Ouvimos falar do entusiasmo, da excitação e do êxtase do amor ou da dor, da mágoa e da tristeza da perda do amor. E achamos que, sentindo essas emoções, estamos passando pela experiência do amor.

Mas nenhuma dessas imagens e descrições corresponde ao verdadeiro significado do amor e, por isso, buscamos o amor sem nenhuma idéia do que ele é nem do que ele significa para nós, no sentido de dá-lo ou recebê-lo. Você está à procura de uma versão idealizada do amor? Você acha que está amando alguém que você nem sabe realmente quem é? Você diz que ama alguém de quem não gosta nem confia? Então é hora de reconhecer o que você realmente sabe e entende sobre o amor. Saiba que o amor precisa de tempo para se desenvolver. Não é apropriado revelar seu eu interior a alguém que você acabou de conhecer, por maior que seja a atração que você sinta por ele. Para que o verdadeiro amor se desenvolva, é preciso que ambas as partes estejam dispostas a assumir uma relação em que possam crescer e aprender juntos. Amar não é correr atrás de alguém que está fugindo de você. Nem é deixar-se oprimir, ferir, humilhar e consentir com os desejos do outro. O amor tem mais chances de se desenvolver quando as pessoas envolvidas não têm pressa. Portanto, dê-se tempo para conhecer a outra pessoa e avaliar se ela merece o amor que você tem para dar. Se ambos estão preparados para assumir o compromisso e o desafio de nutrir e colaborar para o desenvolvimento do amor.

Amar alguém significa ir além da imagem atraente, que expõe não apenas o que acha aceitável de si mesmo, mas também os medos, as dúvidas, os sonhos e as esperanças que mantém em segredo. Exige coragem, honestidade e abertura para permitir que a outra pessoa conheça as partes que você considera menos atraentes e aceitáveis em si mesmo. Significa expor suas partes mais vulneráveis e aprender a confiar suficientemente em alguém para permitir que ele se aproxime cada vez mais.

Ter uma relação de amor com outra pessoa envolve assumir a responsabilidade por si mesmo e aceitar sua responsabilidade pela pessoa que ama. Significa aceitar que os sentimentos, crenças e desejos dela são diferentes dos seus, mas igualmente válidos, e abrir mão dos esforços para transformá-la.

Acima de tudo, amar é conhecer e deixar-se conhecer como realmente se é e com total aceitação. Conhecer alguém e deixar-se conhecer dessa maneira é a experiência mais jubilosa, gratificante e fortalecedora que a vida tem para oferecer.

Poder

Uma grande excitação é o que você pode sentir ao abrir o livro nesta página. Imagine que alguém acabou de lhe dar a energia de uma usina elétrica para você realizar o que quer que esteja desejando.

Você tem diante de si enormes possibilidades para sua relação ou relação em potencial e poder para dirigir a sua vida. Isso não significa desrespeitar o poder de seu parceiro ou parceiro em potencial, mas simplesmente ressalta que você tem mais poder no momento do que imagina.

Seja claro e direto sem ser opressivo. Coloque o que você quer de maneira clara e concisa e comece a fazer tudo para obtê-lo, sem desrespeitar ou tentar controlar os outros.

Lembre-se de que você não tem poder sobre ninguém além de si mesmo. Se você entrega seu poder, permitindo que seu parceiro determine tudo, você fica impotente.

Não desperdice seu poder entregando-o a outra pessoa. Ele diz respeito a você. O que você quer hoje que pode dispor ou criar para si mesmo com respeito às relações? Talvez você precise dividir seu sonho em partes menores para poder realizá-lo, mas apenas por uma questão de praticidade. Saiba que o poder é grande.

Descubra como sentir e cultivar seu poder, sem se tornar opressivo. Diga "não" quando achar que é "não". Faça mudanças em seus cuidados com a saúde, hábitos alimentares, finanças e em sua casa, que refletem o poder de dirigir sua própria vida. Leia biografias de outras pessoas para inspirar-se. Essa relação não vai simplesmente cair do céu. Você tem de fazê-la acontecer. É hora de reconhecer isso e fazê-la funcionar a seu favor.

Você tem poder.

Receber

Esta página é tanto uma orientação quanto uma advertência. É mais fácil dar do que receber e você está dando demais e recebendo de menos. Precisa mudar essa situação.

Nas ocasiões em que estamos mais dispostos e abertos para receber é quando a vida nos oferece as dádivas que existem para ser tomadas. É comum acharmos que não temos nenhuma dificuldade para receber, que queremos receber, mas, na verdade, não sabemos.

Para aprendermos a receber, temos de estar dispostos a parar de dar por um tempo e simplesmente aceitar o que nos é oferecido. Não temos de nos esforçar para merecê-lo ou retribuí-lo. Temos apenas de estar dispostos a criar um espaço para que a outra pessoa possa preenchê-lo para nós. Isso requer coragem. Exige confiança por fazer de nós o foco de atenção, o que muitas vezes pode nos deixar pouco à vontade. Mas estamos dando aos outros quando permitimos que eles nos dêem.

O que você está bloqueando? O que você não consegue receber? O que você não consegue pedir? Você precisa perguntar a si mesmo por que faz isso e do que tem medo. Você está disposto a deixar que o outro saiba o que você realmente quer? Não importa o quanto nos dêem, não ficaremos satisfeitos se não for o que tem valor para nós. Deixe que lhe dêem o que você realmente quer.

Talvez você precise de um tempo para descobrir o que você realmente espera receber de uma relação e da vida em geral. Para algumas pessoas, o primeiro passo é saber que podem ser sinceras ao expressar o que desejam. Faça isso agora e, depois, deixe que as outras pessoas saibam o que é que você deseja. E curta receber. Lembre-se de que você merece.

Controle

Se você abrir o livro nesta página, é hora de refletir sobre a questão do controle em sua vida amorosa. A necessidade de controlar nos leva a fazer esforços para dominar e dirigir os pensamentos e sentimentos dos outros, bem como seus atos. Muito embora possamos apresentar uma centena de motivos para justificar o fato de sermos tão controladores, na verdade fazemos isso para nos sentirmos seguros.

Quando crianças, não tínhamos nenhum controle sobre os acontecimentos que nos assolavam. Se as situações eram dolorosas, difíceis ou assustadoras, estávamos à mercê dos adultos à nossa volta. À medida que fomos nos tornando adultos, aprendemos a reagir de maneira a encontrar meios para controlar a nós mesmos e aos outros. Mas, numa relação amorosa, não podemos controlar as coisas da mesma maneira que fazemos quando somos sozinhos. Essa situação nos traz de volta o sofrimento da infância e reagimos a ele com tentativas desesperadas de controlar nosso parceiro e ele de nos controlar. Procure observar como você interfere na vida de seu parceiro e ele na sua. Como ele se veste, se alimenta ou leva sua vida não é problema seu e vice-versa. Você é responsável apenas por si mesmo e pelo modo como lida com o comportamento e escolhas dele que afetam sua vida. E o mais importante de tudo é você acreditar que pode se sentir seguro sem tentar controlar tudo a sua volta. O sentimento de segurança vem de dentro e não de fora de você.

É hora de você observar como se relaciona com os outros. Você tiraniza o outro ou fica amuado para conseguir o que quer? Você fica doente, reclama ou faz-se de desamparado sem perceber nem admitir o quanto essas atitudes são manipulativas? Você sempre acha que seu modo de agir é o melhor ou o único possível? Todas essas são tentativas de exercer o controle.

Aceite o fato de que você não tem poder sobre os outros e que pode controlar apenas a si mesmo. Retroceda um passo e deixe que os outros sejam como são. Eles têm direito a fazer suas próprias escolhas. Se se afastam, deixe que se vão, mesmo que isso possa lhe causar dor. Se tratam você mal, não pode fazer com que mudem. O verdadeiro amor só poderá ser-lhe dado por alguém que esteja com você e que lhe trate bem por vontade própria.

Se você está sozinho e querendo encontrar alguém sem conseguir, é preciso que entenda que está no controle disso. É fácil culpar o destino ou a falta de sorte, mas na realidade você está escolhendo as pessoas com quem sabe que não vai dar certo porque elas não estão a fim. Ou está rejeitando parceiros perfeitamente apropriados por motivos forjados. Essas atitudes mantêm você impossibilitado para as relações, o que é na verdade um modo de permanecer no controle. Comece, portanto, a demonstrar generosidade para com os outros e a respeitá-los pelo que são. Dessa maneira acabará atraindo amor para a sua vida, não pelo controle, mas pela atitude de amor para com você mesmo.

Cura

Se abrir este livro aqui, sinta-se encorajado pelo fato de que, por pior que seja a situação no momento, ela o levará a uma posição melhor e mais sólida do que aquela em que se encontrava antes.

O processo de cura pode ser calmo e tranqüilo ou intenso e turbulento. Muitas vezes durante o processo de cura, as coisas podem parecer piorar antes de começar a melhorar. Se isso está acontecendo, encare-o como um processo de limpeza. Você precisa remover coisas para poder seguir em frente. Às vezes, temos de continuar repetindo uma experiência dolorosa até chegar finalmente a seu cerne, aprender a lição que ela está nos proporcionando para então, e só então, poder nos livrar dela para sempre.

Quando estamos no processo de cura de nossas relações, é comum termos problemas de saúde. Você está tendo problemas constantes nas costas, problemas de pele ou uma série de males sem importância? Esses são modos de o corpo expressar suas dores. Use-os para prestar atenção em seu estado emocional subjacente. O que você precisa curar? Que mágoa você precisa permitir-se sentir? É importante dar-se apoio nessas horas. Evite pressões desnecessárias e vá com calma. Reduza o nível de suas expectativas e, acima de tudo, pare de se criticar.

Encontramos as experiências de que necessitamos para a cura de nossas feridas no passado. Podemos não querer lidar com elas nesse exato momento, mas a vida nos oferece aquilo de que precisamos antes de nos proporcionar aquilo que queremos. Saiba que suas relações só podem ser beneficiadas por essa cura.

Você pode estar curando a si mesmo na relação atual ou curando velhas feridas para poder encontrar a relação que merece. Pode estar curando a própria relação. Seja positivo e otimista enquanto reconhece a sua dor. O processo de cura pode ser extremamente doloroso, mas você consegue suportá-lo. Procure colaborar com ele em vez de resistir a ele. Dê a ele o tempo que for necessário. Você merece. Lembre-se de que, se não curar sua dor agora, ela apenas voltará em breve no mesmo lugar.

A única saída é curá-la e a cura é um sinal de que você é capaz.

Negatividade

$\mathcal{E}$ssa é uma advertência: você está sendo negativo com respeito à relação que tem ou à possibilidade de ter uma. Pode ser que você tenha sofrido uma decepção recentemente ou que algo lhe esteja apresentando muitas dificuldades. A negatividade alimenta-se de si mesma e com isso aumenta. É hora de você deixar de ser negativo. Se não quer o que tem, deixe que se vá, mas não continue com essa negatividade. Se você quer manter a relação que tem ou a possibilidade de tê-la, pare de ser tão negativo e comece a ser mais positivo.

Concentre-se no que é certo, no que você gosta e no que o faz ficar feliz. Concentre-se nos aspectos positivos de seu parceiro e nos seus próprios. Quando passamos dos aspectos negativos para os positivos, temos esperança e valorizamos mais o que temos. Essa combinação é o primeiro passo em direção a um futuro melhor.

Ser negativo é fácil. É uma atitude cômoda e covarde. O que não quer dizer que se deve ignorar as coisas que estão erradas. Admita que os problemas existem, mas veja-os de uma maneira positiva. Quando somos negativos, podemos simplesmente ficar sentados reclamando. É preciso esforço para abandonar essa atitude. Você merece o esforço e seu futuro também.

Essa atitude negativa também atrai a sua atenção para as energias negativas a seu redor. O que está puxando você para baixo? Sua casa ou local de trabalho está precisando de alguma mudança? Ou precisa reconsiderar as pessoas com as quais você tem contato direto? É sempre possível melhorar as energias a sua volta com alguma forma de "limpeza". Remova os excessos, reorganize seu ambiente, desatravanque-o, abra as janelas, mude seus hábitos, areje o que está precisando ser arejado e não se deixe dominar pela preguiça. Novas energias, muito mais benéficas, estão à sua disposição.

Limites

Se você abrir o livro nesta página é porque tem de lidar com os limites. Limite quer dizer ponto extremo. Você pode chegar a ele, mas não ultrapassá-lo.

Existem limites físicos por todos os lados ao nosso redor: o muro que separa nossa propriedade das dos vizinhos, a placa indicando entrada proibida a uma rua de mão única. Existem também limites menos palpáveis, como as leis que nos governam e as promessas que fazemos e cumprimos. Como os limites são pontos extremos, ultrapassá-los sempre acarreta conseqüências. Se desrespeitamos a lei, somos presos. Se não cumprimos o que prometemos, as pessoas perdem a confiança em nós. E o contrário também é verdadeiro: quando são os outros que ultrapassam nossos limites, eles têm de suportar nossas reações.

Todos precisamos de limites em nossas relações amorosas. Precisamos definir onde começa e onde termina nosso território. Precisamos estabelecer nossos limites e deixá-los claros tanto para nós mesmos quanto para os outros. Necessitamos ter clareza sobre o que é aceitável e o que é inaceitável para nós, o que estamos e não estamos dispostos a tolerar. E temos de deixar isso bem claro para os outros.

Quando você abre o livro nesta página, é porque está precisando parar para definir seus limites. Você se colocou o limite de só envolver-se com alguém disponível? Está respeitando-o? Ou está permitindo que alguém seja desonesto, cruel e o manipule de formas excusas? Procure ver isso de fora. O que você acharia se uma pessoa amiga estivesse sendo tratada dessa forma?

Para que um limite seja real, você tem de deixar claro quais são as conseqüências para quem o desrespeitar. Se você colocou que seria o abandono, tem de levar isso a sério — ou terá de suportar as conseqüências, que podem ser permanecer na relação e fechar-se para sempre em sua amargura e ressentimento. A conseqüência é o que acontece na realidade, não o que você diz que vai acontecer. Se não houver conseqüência, não há limite.

Colocar limites, e levá-los a sério, constitui um verdadeiro desafio. Significa ter clareza do que você quer. Significa não deixar-se levar pelo que os outros pensam que você devia querer ou aceitar. Você tem de tratar os outros com respeito, mas para isso não tem de aceitar o que considera inaceitável. Ironicamente, as pessoas à nossa volta ficam muito mais à vontade quando colocamos e mantemos limites claros, uma vez que sabem como se comportar diante de nós.

Respeite a si mesmo e saiba que você tem direito a impor limites.

Paciência

A mensagem aqui é muito simples: você precisa ter paciência. Ter paciência é uma arte. É a capacidade de estar no presente. De esperar pelo que se quer com uma atitude de aceitação, confiança e fé. Aceitando que há uma hora certa para as coisas acontecerem, sobre a qual você não exerce nenhum controle e nem sabe ao certo quais serão os resultados. A paciência nos faz lembrar de nossa condição humana. Simplesmente aceite as coisas exatamente como elas são no momento. Você não precisa fazer nada.

Ter paciência tem muito a ver com ter confiança, com a diferença de que ela tem mais a ver com a experiência do processo e menos com a certeza dos resultados. Qual o seu nível de paciência? Com que facilidade você permite que os sentimentos e acontecimentos sigam seu próprio ritmo? Você consegue viver bem no presente? Por enquanto, concentre-se no presente, não no futuro.

Forçando os acontecimentos, é fácil prejudicar o resultado final. Para que o pão seja gostoso, a massa precisa de tempo para fermentar; a borboleta precisa passar pelas fases de lagarta e crisálida. Sem paciência para suportar o ritmo e a necessidade de tempo tanto seus como dos outros, forçamos a realização de nossas metas, mas perdemos o prazer e os benefícios da jornada. Não esperamos a colocação dos alicerces que suportarão o peso da construção.

Reduza o ritmo. Aceite as coisas como elas são no momento, que cada um é o que é. Você está exatamente onde deve estar no momento, seja nas finanças, local de moradia, emoções e propósitos. Se você tem um propósito, elabore um plano e coloque-o em prática, mas procure dar o tempo necessário para que ele se realize. Se as coisas não andarem no ritmo ou não corresponderem a suas expectativas, tenha paciência.

Aprenda a viver no presente e aproveite a lição que ele tem para ensinar: vale a pena ser paciente.

Relações Não-Resolvidas

Quem abre o livro nesta página está recebendo a advertência de que precisa resolver o que continua pendente para poder iniciar um novo relacionamento ou para que o atual tenha êxito.

Questões não-resolvidas são questões do passado. Podem ser de anos atrás ou de ontem ou da semana passada. Não as resolvemos de maneira satisfatória no momento, muitas vezes por não entendê-las. Por isso, as varremos para debaixo do tapete ou as empurramos para o fundo da mente e prosseguimos como se não existissem. O problema é que, na realidade, não conseguimos levar nossa vida para a frente. As questões não-resolvidas continuam ocupando nossa atenção e energia de uma maneira inconsciente para nós. Elas interferem no presente, de modos invisíveis. É como deixar o telefone fora do gancho sem concluir o diálogo e sem deixar a linha livre para outras chamadas.

Se não terminamos realmente uma relação, ela nos impede de começarmos uma nova. É como deixar o lixo se amontoar na cozinha e depois ficar evitando-o, fazendo de conta que não está ali. Quanto mais tempo você o deixar ali, melhor você conseguirá fingir que ele não existe, mas também mais fétido ele se tornará. E quanto mais você o deixar amontoar-se, mais difícil será circular pela cozinha. Por fim, ele contaminará tudo sem que você perceba.

Os problemas não-resolvidos prejudicam as relações. Quais são seus problemas não-resolvidos? O que precisa ser dito que você está evitando dizer?

Sobre que velhos ressentimentos, mágoas, desejos ou sonhos você está sentado e precisa levantar-se, sacudir a poeira e enfrentar? Há na sua relação algo que realmente importa e que você empurrou para debaixo do tapete? Enfrente-o e tanto você quanto seu parceiro serão beneficiados por seu ato de bravura.

O mesmo vale para os problemas de suas relações anteriores que ficaram pendentes. Se não resolvê-los, eles acabarão interferindo na relação que você tem atualmente ou que poderá vir a ter. A quem você precisa pedir desculpas? Com quem você continua magoado? A quem você continua amando ou odiando? Que mágoa você continua guardando ou não se livrou inteiramente? É hora de enfrentar isso.

Você não tem necessariamente de envolver a outra pessoa para resolver algo definitivamente. Você pode fazer isso sozinho. Por exemplo, escreva uma carta colocando tudo o que quer dizer e quando tiver terminado, queime-a ritualmente. Repita o ritual quantas vezes forem necessárias para sentir que o caso está resolvido. Você tem de fazer e enfrentar o que for preciso, pois só assim ficará livre.

Rompimento

Abrir o livro aqui é sinal de ruptura. Pode ser que a relação esteja literalmente no fim. Pode significar divórcio ou separação. Se sua relação está acabando, é preciso que você confie no processo e saiba que há luz no fim do túnel. O que está acontecendo é para melhor, mesmo que você não sinta assim neste exato momento. Aceite a dor e aos poucos ela diminuirá. Você é capaz de fazer isso.

Pode também marcar a morte da relação como ela foi até agora e seu recomeço em outra forma. Normalmente isso envolve algum tipo de separação, mesmo que seja temporária. Os términos impõem a necessidade de seguir em frente, de deixar a relação morrer, seja para ela renascer em alguma outra forma ou não. Devido aos ciclos constantes de vida e morte, alguma forma de renascimento sempre ocorre depois do fim, portanto, confie no processo e siga-o. Você encontrará a pessoa certa para você, que pode ser essa mesma ou outra.

Pode ser também que seja necessário romper com uma terceira pessoa para que sua relação seja bem-sucedida. Com quem você está demasiadamente envolvido fora do contexto romântico? É hora de você sair de casa ou renunciar ao melhor amigo ou antigo namorado? Você precisa abrir espaço para que sua verdadeira relação de amor possa se desenvolver. Se você espera estabelecer uma nova relação, saiba que precisa se separar de alguém antes de encontrar um novo parceiro. Livre-se de algum possível apego a um antigo relacionamento ou ex-parceiro. Abandone seu desejo ou fantasia de iniciar uma nova relação com alguém específico, em quem está de olho. Corte os laços que o mantêm atado e liberte-se para que a vida possa levá-lo à pessoa certa, em vez de àquela que você pensa que quer.

Quando uma porta se fecha, outra é aberta. Agora você tem de fechar a porta, ou aceitar que ela está se fechando, e confiar que outra será aberta. Isso realmente acontecerá. Seguir em frente é parte da vida. Seja corajoso.

É só quando ousamos seguir em frente que ficamos livres para prosseguir de acordo com nossos próprios termos ou para encontrar uma outra pessoa.

Sintonia Com o Espírito

Se você abrir o livro nesta página, é porque os espíritos a seu redor estão querendo lhe lembrar que você é mais do que um simples corpo. Que você tem uma essência espiritual que também requer atenção.

É um pedido para que você vá um pouco mais fundo. Que desenvolva, renove ou fortaleça sua relação com o papel que tem neste mundo.

No plano cósmico, todos nós estamos intimamente ligados. Olhe para o céu. Pense que o universo e as galáxias vão muito além de nós. Contemple uma flor ou a unha de um dedo seu e saiba que essa escala também atua na direção contrária. Dentro de cada detalhe existe um detalhe maior.

Nós fazemos parte de uma cadeia de consciência e energia. Cada um ocupando seu devido lugar, em sua própria existência. Tudo é como deve ser neste exato momento. E também depois, quando nos movemos e as coisas mudam. Saiba que está protegido e que não está sozinho. Há anjos pairando a sua volta, sempre dispostos a ajudá-lo. Mas precisamos pedir-lhes ajuda para que eles possam interferir. Aqueles que vieram antes de nós são nossos protetores e guias. Aceite,

106

portanto, a orientação deles. Encontre a melhor forma de equilíbrio entre o mundo material e o espiritual.

É comum negligenciarmos nossa ligação com um poder maior do que nós mesmos enquanto acreditamos ser Deus em nossa própria vida. Deixe que sua espiritualidade dirija suas relações. Siga seus instintos para fazer o que precisa ser feito a cada momento.

Acenda uma vela e contemple a chama. A luz significa a energia que há em cada um de nós e no mundo que nos rodeia. Dê graças por qualquer coisa que você valorize e convide os espíritos a participar da sua vida amorosa. Eles estão aguardando o seu convite.

Entrega

O que você tem diante de si, abrindo esta página, é um dos maiores desafios que as relações e a própria vida podem colocar. Mas os frutos que você colherá serão da mesma proporção dos esforços despendidos. É simples: entregue-se. Pense na hipótese de não ser o responsável por fazer a relação dar certo. Pense na possibilidade de não ter controle sobre os outros, sobre você mesmo e sobre os resultados, nem hoje, nem amanhã nem nunca.

Isso não quer dizer que você tenha de ser passivo ou indiferente. Mas que ocupe o banco traseiro. Não quer dizer que você tenha de abandonar a relação ou que deixe de tentar ter uma nova, mas que permita que ela seja o que é na realidade. Não meta seu nariz (ou qualquer outra coisa) nos assuntos que não lhe dizem respeito. Tome conta da sua própria vida e deixe que as pessoas tomem conta da delas. Pare de querer que o mundo corresponda aos seus desejos. Deixe que ele seja o que é e aceite-o como é.

Deixe que a sorte e o destino atuem em seu favor. Sente-se, respire, dê um tempo e deixe pelo menos uma vez a vida simplesmente fluir. Se você está tentando convencer, dominar, pressionar ou manipular seu parceiro real ou em potencial a fazer o que você quer, é hora de parar de fazer isso. Se é a si mesmo que está pressionando, pare. Quem você seria se deixasse de fazer isso? Talvez você esteja deixando de ter muitas experiências e perdendo muitas oportunidades por estar tão ocupado em controlar e manipular com tanto empenho as pessoas e os acontecimentos.

Observe o que acontece quando você começa a abrir mão do controle. Tudo ocorre exatamente como deve e melhor do que com você tentando controlar. Tenha fé que a vida vai lhe amparar e prover todas as suas necessidades. Enfrente o medo de não conseguir o que quer em vez de evitá-lo. Você nunca conseguirá nadar até a outra margem se não abandonar o pedaço de madeira flutuante ao qual está tão agarrado.

Nade, abandone-se, deixe que a correnteza o leve, deixe que as águas da vida suportem seu peso. Você não corre perigo. Faça isso agora.

Virada na Sorte

Abrir o livro aqui é indício de um momento extremamente favorável. Você pode relaxar e comemorar. Indica que as coisas estão prestes a melhorar de forma significativa. Se você está lutando com dificuldades, essa situação em breve vai mudar. Bons tempos virão. A paz e a harmonia estão bem próximas de serem alcançadas e a virada que você espera ocorrerá por si mesma.

Se a vida está ótima e sua relação vai bem, alegre-se em saber que ficarão ainda melhores. A Virada na Sorte indica um importante passo à frente, portanto, cultive seus sonhos e saiba que eles em breve serão realizados.

Se você espera encontrar uma nova relação, acredite que encontrará. Se as coisas têm sido difíceis, saiba que ficarão bem mais fáceis. É indício de que tudo vai melhorar com respeito ao amor. A Virada na Sorte promete-lhe um futuro realmente promissor.

É uma boa hora para você se preparar para o que vem aí. O que você perde desperdiçando tempo com preocupações com o futuro? Sinta-se livre para entregar-se a ele agora. Que mudanças você faria se soubesse que não tem nada a perder?

Seja ativo. Isso vai estimulá-lo a mudar sua própria sorte, bem como assegurá-lo de que a sorte está bem à sua frente. Tire proveito desse momento. Admita o que você quer realmente dizer ou fazer. Siga seu coração, tenha coragem, corra riscos e saiba que está amparado. Essa é a hora certa para fazer isso.

Não negligencie suas responsabilidades, demonstre respeito pelos outros e seja sincero. Seguindo essas três regras, a hora é propícia para dar o salto. Você é um grande sortudo!

Raiva

Essa é uma advertência para você tomar consciência da raiva presente em sua relação atual ou que está impedindo o surgimento de uma nova. Isso não será nenhuma novidade para você se já tiver consciência da sua raiva. Mas se você não tem consciência de que está com raiva, é hora de assumi-la. Você precisa lidar com ela. Não basta saber que ela existe, e censurar-se por senti-la não vai resolver nada.

Em primeiro lugar, procure saber do que você está com raiva. Escreva, fale com alguém sobre isso ou faça qualquer outra coisa para ter certeza de qual é o motivo real da sua raiva.

Talvez você esteja reagindo a alguma coisa quando na realidade está com raiva de outra que não tem nada a ver. Observe-se para ver se é isso que está acontecendo. É comum colocarmos nossa raiva em algo que é mais cômodo para nós por acharmos que não temos justificativa para colocá-la no que realmente importa. Muitas vezes, colocá-la no verdadeiro lugar nos faz sentir vulneráveis.

Lembre-se de que toda raiva é sempre tanto justificada quanto válida. Os outros não precisam concordar conosco, mas podemos ficar com raiva por qualquer motivo. A raiva é uma emoção. Você não escolhe senti-la. Ou ela existe ou não existe. Se você a nega por achar que é inaceitável, está apenas ocultando-a, não deixando de tê-la. Ela vai para baixo da superfície e acaba envenenando e prejudicando a relação de qualquer maneira. Portanto, reconheça que está com raiva e encontre uma maneira apropriada de expressá-la. Escreva uma carta que não precisa ser enviada ou grite com uma almofada ou cadeira, fazendo de conta que é outra pessoa. Se é com alguma pessoa, deixe-a completamente fora disso enquanto não tiver colocado a raiva inteiramente para fora. Senão, você vai se arrepender. Só então você estará preparado para enfrentá-la ou abordá-la de maneira sensata.

Se você tem certeza de que não está com raiva e acha que é seu parceiro real ou em potencial quem está, você está equivocado. Ele também pode estar com raiva, mas neste caso ela diz respeito a você.

Aceitação

A mensagem aqui é extremamente importante. Trate de deixar que as pessoas com quem você tem uma relação, ou espera ter, sejam elas mesmas — aceitando-as como elas são na realidade.

Isso não é fácil. Na maioria das vezes, em nossas relações, queremos transformar o outro na pessoa que gostaríamos que fosse, não importando quem ela na verdade é. A mensagem da Aceitação está dizendo para você parar de fazer isso. Tentar transformar a pessoa com quem estamos tendo uma relação é inútil tanto para essa pessoa quanto para você mesmo. Se você quer que ela seja diferente, então procure ter uma relação com alguém que já seja do jeito que você quer. Se você quer realmente manter a relação com essa pessoa específica, terá de aceitá-la como ela é. Se ela mesma quiser mudar é problema e responsabilidade dela. Você não tem nenhum poder sobre ninguém. Portanto, o quanto antes você aceitar quem e como ela é, melhor.

No entanto, você tem poder sobre sua própria maneira de reagir ao que a outra pessoa é. Você pode achar que ela é aceitável ou inaceitável e dizer-lhe isso. Mas lembre-se de

114

que, o que ela fizer com essa informação, é problema dela. Você terá de aceitar isso também. Pare de negar quem ela é e de fazer de conta que é alguém que não é.

Se você pede a uma determinada pessoa com delicadeza para mudar algum comportamento específico, é possível que ela se disponha a fazê-lo. Valorize essa atitude e apoie-a. Mas se ela não quer mudar, não quer e ponto final. Dê um passo atrás e dê uma boa olhada em quem essa pessoa realmente é e aceite-a como ela é. Lembre-se de que muito do que precisa ser mudado na realidade está em você e no seu comportamento. É sempre mais fácil ver o problema no outro.

Somos todos perfeitos exatamente da maneira que somos, com todos os nossos piores defeitos e melhores qualidades. Pare de tentar forçar alguém que é desorganizado a tornar-se organizado, alguém desonesto a ser honesto, ou alguém agitado a ser calmo. Valorize a pessoa pelo que ela é ou afaste-se dela e siga sua própria vida, mas pare de tentar mudá-la. Talvez então você possa começar a aceitar também quem você realmente é e a ter confiança para confessá-lo. Então, você poderá ser valorizado por aqueles que o aceitam como você é e poderá também abrir mão daqueles que não o aceitam como é.

Ciúme e Inveja

Abrir o livro nesta página é sinal de que na sua vida está havendo ciúme ou inveja. É melhor admitir a existência desses sentimentos e aprender com eles do que negá-los. Se negados, eles se tornam extremamente danosos à relação ou à possibilidade de ter uma.

Se você tem ciúme do seu parceiro, verifique se ele está se comportando como deveria. Está dando prioridade a seu compromisso de lealdade para com você? Procure ver se o ciúme não é na verdade um sinal de alerta de que você não está sendo a prioridade que deveria ser. Não se envolva com alguém que não trate você com o respeito que merece. Ou talvez o comportamento dele seja adequado e seu ciúme tenha a ver com sua insegurança e pouca auto-estima. Se isso for verdade, procure encará-las e verá seu ciúme desaparecer.

O ciúme e a inveja manifestam-se de muitas formas em nossos relacionamentos. Podemos ter ciúme de alguém com respeito a nosso parceiro ou ter inveja de sua autoconfiança, sucesso, estilo de vida ou de suas relações com os amigos, familiares ou colegas. Quando sentimos ciúme, temos inveja de alguém e queremos ter algo que essa pessoa tem. Nossa recusa a reconhecer esse desejo cria a amargura e a dor da inveja. Mas se tivermos coragem para sermos honestos com respeito a nossos sentimentos de ciúme e inveja, poderemos usá-los de uma forma positiva. Do que é que sentimos ciúme ou inveja? Será das qualidades ou elementos que o outro tem em suas relações ou estilo de vida que desejamos para nós? Comece a se esforçar para ter você mesmo essas qualidades em vez de ressentir-se com os outros que já as têm. Use esses desejos como motivação em vez de voltar suas energias contra a outra pessoa. Vá atrás do que você quer ter. Mas não se esqueça de fazer isso à sua própria maneira. Você não pode ser o que não é, tem de aprender a desenvolver quem você é.

Veja também o preço que a outra pessoa paga para ter aquilo que você inveja. Você está disposto a organizar a sua vida da maneira que seria necessária para ter o que ela tem? Esse esforço vale a pena para você? Vale a pena esse sacrifício? Se não, valorize a pessoa pelas escolhas que fez, mas reconheça que na realidade você não está disposto a pagar o preço que ela paga para tê-las. A inveja é uma forma cômoda de expressar ressentimento com as coisas que os outros têm sem estar disposto a assumir as conseqüências, positivas ou negativas, de tê-las. Reconheça que suas escolhas são as melhores para você e, se não forem, faça as mudanças necessárias. Procure aumentar sua auto-estima e autoconfiança. Ninguém tem a sorte de ser você. Valorize isso.

Sofrimento

Abrir o livro nesta página é indício de que você está sofrendo. O sofrimento existe, quer você o reconheça plenamente ou o negue. Esse sofrimento tem a ver com o fato de ter sido rejeitado por alguém que você ama? Ou é por ter terminado recentemente uma relação que não funcionava? Quando coisas como essas ocorrem, a dor não acaba com o término da relação. Você precisa dar-se o tempo de que precisa para sentir a dor da perda. Não se precipite a assumir outra relação se não quiser que sua dor venha lhe causar danos desnecessários.

Se você está sozinho no momento, seu sofrimento pode ter a ver com a solidão, por querer alguém especial com quem ter uma relação. O mundo pode parecer repleto de casais e pode ser extremamente doloroso estar perto de outros que têm o que você tanto deseja.

Estar numa relação estável pode também ser muito doloroso. Às vezes, é extremamente difícil aceitar o sofrimento que ela pode nos causar. Durante toda a vida foi-nos vendida a fantasia de que o amor seria uma experiência absolutamente extraordinária. Ninguém nos disse a verdade, que o amor

118

envolve também dor, não só prazer. É muito fácil querermos passar para outra relação quando a que temos começa a nos causar sofrimento, mas, se fizermos isso, estaremos apenas transferindo os problemas. Aceite a dor e lide com ela. Fale com seu parceiro sobre o que está lhe causando sofrimento e procure angariar seu apoio e também apoiá-lo quando for ele quem estiver sofrendo.

O que é mais importante entender é que a dor que você atribui ao amor ou à necessidade de amor não tem nada ou quase nada a ver com as relações românticas, e sim com as feridas profundas da infância. Você espera que o amor preencha sua sensação de vazio ou afaste a dor profunda que guarda em seu peito. Você usa a relação romântica e a companhia como um alcoólatra recorre à bebida, ou seja, para evitar sentir dor ou ficar sozinho consigo mesmo. O que está acontecendo em sua vida amorosa é para ajudá-lo a trazer as dores de sua infância para a consciência e para lidar com elas. E, fazendo isso, você será mais bem-sucedido no amor e todos os seus problemas se tornarão menos dolorosos.

Nesse momento o que você está precisando é aceitar sua dor e acolhê-la em sua vida. Talvez você imagine que seja impossível suportá-la, mas evitá-la é o que realmente dói; senti-la vai trazer uma verdadeira e duradoura sensação de alívio.

Você pode lidar com ela. A dor faz parte do amor. Seja corajoso e afetuoso com você mesmo.